KB124466

CBT Toolbox For Children & Adolescents

Over 200 Worksheets & Exercises for Trauma, ADHD,
Autism, Anxiety, Depression & Conduct Disorders

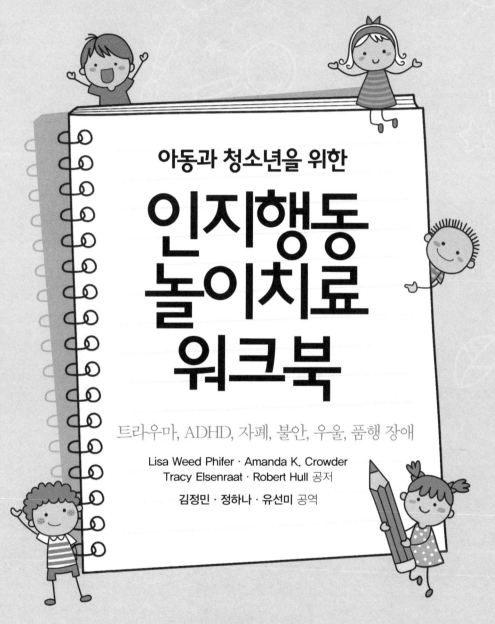

아동과 청소년을 위한

인지행동 놀이치료 워크북

트라우마, ADHD, 자폐, 불안, 우울, 품행 장애

Lisa Weed Phifer · Amanda K. Crowder
Tracy Elsenraat · Robert Hull 공저

김정민 · 정하나 · 유선미 공역

학지사

　인지행동치료(Cognitive Behavioral Therapy: CBT, 이하 CBT)는 수많은 경험적 연구를 통해 객관적인 그 치료 효과가 입증되어 왔다. 특히 CBT는 유아 및 아동, 청소년을 대상으로 폭넓게 적용되고 있으며, 그에 따라 '놀이'를 매체로 활용하는 인지행동치료를 가리키는 용어인 인지행동놀이치료(Cognitive Behavioral Play Therapy: CBPT, 이하 CBPT)의 접근은 커다란 주목을 받고 있다. 이 책은 아동과 청소년을 대상으로 임상 문제별 CBT 프로토콜에 맞춘 다양한 놀이 및 활동 중심의 CBT 기법을 어떻게 적용할 수 있는지를 안내하고 있다.

　이 책은, 첫째, 아동기 트라우마, 불안장애, 우울장애, ADHD, 자폐 스펙트럼 장애, 행동장애 등 아동기의 주요 심리사회적 문제에 대해 제공할 수 있는 구체적인 CBT와 CBPT 개입을 다루고 있다. 둘째, 유아로부터 청소년에 이르기까지 다양하고 흥미로운 놀이 및 활동을 통해 CBT 개입을 시행하는 방법을 상세히 제시하고 있다. 즉, CBPT가 어떻게 아동의 부적응적인 생각을 탐색하고 변화시킬 수 있는지, 어떻게 감정과 행동을 모니터하고 조절할 수 있는지 등을 보여 주고 있다. 셋째, 이러한 아동과 청소년 대상의 CBT/CBPT 개입은 치료실 밖 일상생활에서도 진행할 수 있는 놀이와 활동으로 구성되어 있을 뿐 아니라, 개인 및 집단치료에 모두 유용하다는 데 이점이 있다.

　이 책에 나와 있는 다양하고 흥미로운 CBT와 CBPT 놀이 및 활동은 아동의 발달 및 특성, 치료적 단계 등을 고려하여 적용하였을 때 보다 훌륭한 성과들을 기대할 수 있을 것이다. 나아가, 이 책을 토대로, 치료사가 임상 현장에서 자신의 내담자를 위해 창의적인 CBT와 CBPT 놀이 및 활동을 고안해 내고 시도해 보기를 적극적으로 격려하는 바이다. 마지막으로, 이 책이 국내의 아동 및 청소년 대상의 CBT 및 CBPT 활성화에 도움이 되기를 간절히 바란다.

역자 일동

　　2015년 PESI의 힐러리 제니스(Hillary Jenness)가 정서·행동장애 아동과 치료사를 위한 책을 제안하여, 실제 임상 장면에서 활용 가능하고 실용적인 활동 기반의 인지행동치료 및 인지행동놀이치료 책을 만들게 되었다. 이 책은 내담자, 치료사, 의사 등 다양한 전문가가 함께 협력한 결과이다. 먼저, PESI의 힐러리와 사라 포르칙(Sarah Porzig), 엘리사 커프만 (Elissa Kauffman)에게 진심으로 고마움을 표현하고 싶다. 또한 아동을 위해 많은 시간과 삶 그리고 마음을 다하고 있는 치료사들과 아동을 돕는 모든 분께 감사를 표한다.

Lisa Weed Phifer

Amanda K. Crowder

Tracy Elsenraat

Robert Hull

『아동과 청소년을 위한 인지행동놀이치료 워크북』은 현재 아동 및 청소년이 빈번히 겪고 있는 많은 정신건강 문제를 다루기 위한 치료 목표 및 활동으로 구성되어 있다. 이 책은 아동 및 청소년의 실행기능, 사회적 기술, 뇌 기반 접근의 활동을 통해 전통적인 인지행동치료의 치료적 효과를 높이도록 구성되어 있다. 이 책에서 제시되는 활동은 아동 및 청소년으로 하여금 부정적인 사고를 변화시키도록 돕는 효율적인 비언어적 활동을 담고 있다. 또한 심리학자, 사회복지사, 심리치료사와 같은 전문가들에게뿐만 아니라, 여러 분야에서 유용하게 활용할 수 있을 것이다. 우리는 이 책의 창의적이고 다양한 활동을 통해 아동 및 청소년이 자신에 대해 이야기하고, 다른 사람들과 함께 어울릴 수 있으며, 보다 긍정적인 생각을 갖게 될 것으로 기대한다.

이 책은 아동기 트라우마, 주의력 결핍 및 과잉행동장애(ADHD), 자폐 스펙트럼 장애, 품행장애, 불안장애 그리고 우울장애까지 총 여섯 개의 임상적 분야를 다루고 있다. 제시된 활동들은 특정 장애 및 증상에 따른 부정적 사고 패턴의 차단, 건강한 관계 증진, 마음과 신체 간의 연결 등을 고려하여 고안되었다.

1. 인지 기술
이 활동은 자신의 증상을 인식하고, 자신의 부정적 사고 패턴에 영향을 주는 것이 무엇인지 확인하며, 기억 전략을 강화하는 것에 초점을 맞추고 있다.

2. 관계 코칭
이 활동은 친사회적 행동을 강화하고, 신뢰 관계를 형성하며 사회적 상호작용을 증진하는 것을 목표로 한다.

3. 핵심 능력 개발
이 활동은 감정의 조절, 합리적인 사고, 대처 및 문제해결능력을 다루는 것에 중점을 둔다.

4. 뇌 기반 학습
이 활동은 마음과 신체의 연결성을 이해하고, 동기를 탐색하며 건강한 정신과 신체적 습관을 기르는 것에 초점을 맞추고 있다.

이 책의 활용 방안

이 책은 다양한 증상을 다루기 위한 여러 가지 활동과 기술 개발 훈련이 포함되어 있다. 연습 문제는 세 가지 유형으로 구성되어 있는데, 치료 회기 내의 활동, 아동을 위한 활동, 부모 및 교사를 위한 활동이다. 이 활동지들은 다양한 용도로 쓰일 수 있다.

치료 회기 내의 활동(In-session Exercises)은 치료사가 치료 회기에 활동을 진행할 수 있도록 고안되었다. 아동을 포함하여, 부모와 치료사가 함께 활동할 수 있으며, 치료 회기에서 아동과 편안하게 대화할 수 있도록 만들어졌다.

아동을 위한 활동(Client Activities)은 아동 스스로 치료 회기 내에 또는 숙제로 활용할 수 있도록 구성되었다. 감독자가 치료사이든 부모이든 간에, 아동은 치료 과정에서 연령과 발달 단계에 상관없이 활동을 할 수 있다.

부모 및 교사를 위한 활동(Caregiver Worksheets)은 부모 또는 교사가 치료사와 함께 아동의 행동에 대처하고 활동하는 것을 돕기 위해 고안되었다. 이러한 활동은 치료 과정의 일부가 될 수 있으며, 치료 회기 내에서 학습한 것들을 강화할 수 있다.

비록 세부적인 설명이 제시되어 있기는 하지만, 치료사의 환경과 특수한 상황을 고려하여 창의적인 활동을 진행해 볼 수 있다. 이러한 다양한 활동을 통해 아동은 직접적으로 치료에 참여할 수 있게 된다. 또한 아동은 반복적인 학습을 통해 변화가 촉진되며, 도전에 직면하였을 때 연습했던 것을 사용할 수 있다.

고정관념에서 벗어나라

활동을 할 때, 치료사는 자신의 창의성을 적극 활용하여 다양한 활동을 만들 수 있다. 모든 활동은 아동의 연령, 발달상의 능력, 현재 치료 단계에 따라 다르게 적용될 수 있다. 한 활동이 끝났을 때, 아동 스스로 자신의 생각을 적을 수 있는지, 주어진 지시에 따라 자신의 생각을 확장시킬 수 있는지 알아보는 것 또한 중요하다. 치료사는 각 활동에서 아동이 어떻게 작업하는지 주의를 기울여야 한다. 활동 진행 과정에서 아동에게 더 많은 도전의 기회가 제공된다면, 이는 아동 스스로 문제를 해결하고, 자신만의 기술을 익히며 관계를 형성하는 데 도움이 될 수 있을 것이다.

활동을 넘어

활동 자체나 활동의 결과물은 치료의 과정에서 매우 중요하지만, 활동에 관해 대화를 나누는 것 또한 중요하다. 아동은 각각의 활동 혹은 그 과정에서 자신만의 주제를 가지고 있음을 고려해야 한다. 치료사는 개인적 판단이나 제약을 두는 질문을 피하고, 아동이 자신의 감정을 치료사와 함께 이야기할 수 있도록 하는 것이 좋다.

활동의 결과물은 '소중한 자아의 확장'으로 볼 수 있으므로, 이를 잘 다루고 보관하는 것이 중요하다. 치료가 종결될 때까지 치료실에 포트폴리오를 보관하거나 아동이 집으로 가져가게 할 수도 있다. 또는 결과물을 전시하기 위한 안전한 장소를 찾거나, 다른 치료 활동에 결과물을 사용할 수 있다. 예를 들어, 한 회기에서 만든 결과물을 모아 새로운 창의적인 활동을 생각해 낼 수 있다. 아동의 결과물은 집에서도 치료 회기에서 배웠던 기술을 연습할 수 있도록 상기시켜 줄 수 있고 자신감과 성취의 상징으로 여겨질 수도 있다. 이러한 선택 사항들은 사전에 아동과 상의를 거쳐 진행할 수 있다.

치료 과정에서 다양한 방식으로 활동들을 반복하는 것은 매우 유용하다. 다만, 아동이 전과 같은 방법으로 활동을 다시 할 것인지, 아니면 다른 방법으로 진행할 것인지는 생각해 보아야 한다. 유사한 활동을 진행함으로써 아동에게 반복과 숙달의 기회를 제공하는 것은 중요하다.

제4장 품행장애 147

제 **1** 장

아동기 트라우마

이 장은 아동과 청소년이 부정적인 외상 경험을 극복하고, 자신의 능력을 회복하는 데 도움이 될 것입니다. 치료적 활동들은 트라우마 사건의 주관적 의미, 죄책감, 비난, 상실감을 다루고 이를 변화시키는 것에 중점을 두고 있으며, 관계를 향상시켜 아동이 자신의 감정을 수용할 수 있도록 합니다.

인지모델: 생각-감정-행동의 삼각형

💎 이 활동을 통해 우리의 생각, 감정, 행동이 어떻게 연결되어 있는지 알아볼 수 있습니다. 그리고 부정적인 사건이 우리의 사고 패턴을 어떻게 바꿔 놓는지 확인할 수 있습니다. 긍정적인 사건과 부정적인 사건을 두 개씩 찾은 후, 다음의 빈칸을 완성해 보세요. 내가 갖고 있는 생각, 일어난 사건과 관련해 느낀 감정을 기록한 후, 이 두 가지 경험이 나의 행동에 어떤 영향을 주는지 치료사와 이야기해 보세요.

사건	생각	감정	행동
부정적			
부정적			
긍정적			
긍정적			

나의 아픈 마음 이야기

 우리 모두는 말하고 싶은 이야기를 갖고 있습니다. 만약 우리에게 나쁜 일이 생기면 그 이야기를 다른 사람에게 말하기 어려울 수 있습니다. 이때 마음속에는 많은 부끄러움과 죄책감, 당혹감이 쌓이게 됩니다. 이 활동은 부끄러움과 죄책감, 당혹감 없이 나의 이야기를 말할 수 있는 것을 목표로 합니다. 이야기를 꺼내면 누군가가 그것을 듣고 읽게 됩니다. 나의 이야기로 아래의 문장을 완성하세요. 필요하다면 장을 추가하셔도 됩니다.

나는 _____ 한 때를 기억합니다.

_____

첫째, _____

그리고, 나는 _____ 를 기억합니다.

_____

다음으로, _____

_____

마지막으로, _____

_____

나는 _____ 한 감정을 기억합니다.

나는 _____ 를 느끼고 싶습니다.

나는 _____ 가 필요합니다. 왜냐하면 _____

_____ 때문입니다.

나는 _____ 할 때 안전하다고 느낍니다.

내 인생에는 나를 지지해 주는 사람들이 있습니다. 그들은 _____

_____ 입니다.

내가 화났을 때, 나는 _____

_____ 함으로써 안전함을 느낄 수 있습니다.

안전 계획

1. 나의 트라우마를 다시 떠올리게 하는 것은 무엇인가요? (해당사항에 동그라미 치세요)

감정적으로 될 때	고립되는 것	특정한 사람
특정한 해(년)	유니폼을 입은 사람	특정 기념일
특정한 날	소리치거나 싸우는 것	너무 가까운 사람
방문이 열려 있거나	대화가 강압적으로 이루어질 때	다른 것들: _____
닫혀 있는 것	주변의 남자 또는 여자의 존재	
	통제할 수 없는 것들을 보는 것	

2. 나의 경고 신호를 찾아보세요. 예를 들어, 나 스스로를 조절하지 못했을 때 나의 몸은 어떻게 반응하나요? 그리고 다른 사람들은 나에게서 어떤 변화를 보게 되나요? (해당 사항에 동그라미 치세요)

땀을 흘린다	스스로 고립된다	불안해진다
얼굴이 빨갛게 변한다	음식을 먹기 어렵다	주먹을 꽉 쥐게 된다
몸을 흔든다	심장이 빠르게 뛴다	다리를 떤다
운다	목소리가 커진다	구역질을 한다
잠을 잘 자지 못한다	과식하게 된다	숨이 가빠진다
숨을 쉬기가 어렵다	이를 악물게 된다	다른 것들: _____
손을 부들부들 떤다	잠을 많이 자게 된다	
걸음의 속도	서 있을 수 없게 된다	

3. 무엇이 나를 안전하다고 느끼게 하거나, 편안한 상태로 만들어 주나요? (해당사항에 동그라미 치세요)

글쓰기	걷기	운동, 스포츠
TV 또는 영화보기	읽기	그리기, 색칠하기
음악 듣기	비디오 게임	샤워하기
친구의 도움	어른과의 대화	다른 것들: _____

4. 내가 조절할 수 있는 감정이나 행동은 무엇인가요? _____

_____

5. 과거에 나의 감정과 행동을 조절하는 데 도움이 되었던 것은 무엇인가요? _____

_____

6. 나는 어느 장소에서 가장 편안함을 느끼나요? _____

_____

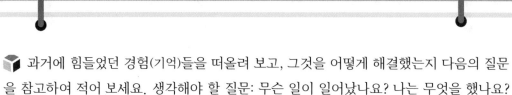

기억의 구름 걷기

📦 과거에 힘들었던 경험(기억)들을 떠올려 보고, 그것을 어떻게 해결했는지 다음의 질문을 참고하여 적어 보세요. 생각해야 할 질문: 무슨 일이 일어났나요? 나는 무엇을 했나요? 나를 도와준 사람이 있었나요? 일어난 사건 사이에 비슷한 점이 있나요? 나는 그것을 통해 무엇을 배웠나요? 나는 그 사건을 겪고 어떻게 변했나요? 그 사건은 나에 대해 무엇을 말해 주나요?

기억 #1: _____

해결책: _____

_____

도움: _____

_____

기억 #2: _____

해결책: _____

_____

도움: _____

_____

기억 #3: _____

해결책: _____

_____

도움: _____

_____

기억 #4: _____

해결책: _____

_____

도움: _____

_____

기억의 땅

📦 나에게 일어난 힘든 일을 기억하는 것은 어려울 수 있습니다. 그러나 때로는 기억을 떠올리는 일은 두려움을 맞서는 데 도움이 됩니다. 우리는 고통스러운 생각을 멈추려고 하거나, 무시하려는 경향이 있습니다. 나의 힘든 기억들을 작게 쪼개어 떠올린 후 다음 빈칸에 적어 보세요. 나의 기분과 감정이 나아지는 것을 확인할 수 있을 것입니다.

기억을 떠올리기 시작할 때 느꼈던 감정	기억을 충분히 떠올린 후 느낀 감정

기억

세부사항 환경 사건	세부사항 환경 사건

하루 활동 계획표

 아동과 청소년에게 일관성 있는 계획은 매우 중요합니다. 특히, 트라우마를 겪었을 때에는 더욱 그렇습니다. 트라우마를 겪으면, 사람들은 자신의 감정을 조절할 수 없는 상태를 경험합니다. 계획표를 짜는 것은 예측 가능성을 증가시키는 데 유용한 방법입니다. 아동과 함께 '하루 활동 계획표'를 세워 보세요. 그리고 일상에서 일어나는 변화에 대처할 수 있는 대안도 함께 이야기해 보세요.

	월요일	화요일	수요일	목요일	금요일	토요일	일요일
6AM ~ 8AM							
8AM ~ 10AM							
10AM ~ 12PM							
12PM ~ 2PM							
2PM ~ 4PM							
4PM ~ 6PM							
6PM ~ 8PM							
8PM ~ 10PM							

의사소통 규칙

 두루마리 모양의 빈칸을 복사하여 부모님과 아동에게 나누어 주어 완성하게 하세요.

 다른 사람과 의사소통하거나 갈등 상황에 놓였을 때, 지켜야 할 규칙들을 나열해 보세요. 다른 사람이 나의 감정을 존중해 주고, 인정해 주는 행동이나 말을 생각해 보세요. 구체적으로 목록을 작성한 다음, 완성된 나의 목록을 다른 사람들과 함께 이야기해 보세요.

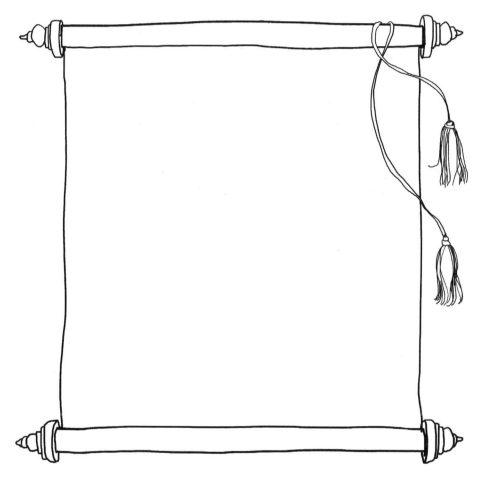

치료사의 기록: 목록에 대하여 함께 이야기할 때, 규칙들의 유사성과 차이점에 초점을 두세요. 기록한 규칙들이 얼마나 현실성 있는지 살펴보고, 만약 현실적이지 않다면 아동이 더 적절한 규칙으로 수정할 수 있게 도와주세요.

이것 vs. 저것

가족 구성원들 사이에서 트라우마를 겪었을 때, 부모와 아동의 의사소통은 특히 어려울 수 있습니다. '이것 vs. 저것' 활동은 부모와 아동 사이의 의사소통을 더 용이하도록 도와줄 뿐 아니라, 서로의 강점, 문제 행동이 무엇인지 알 수 있는 기회를 갖게 해 줄 것입니다. 부모와 아동은 25~28페이지에 있는 질문을 각자 완성하거나, 함께 이야기하면서 완성할 수 있습니다. 활동지를 다 작성한 후에는 대답이 서로 유사한지 혹은 차이가 있는지 나누면서 서로의 강점을 발견할 수 있으며, 행동의 변화가 필요하다는 것을 알게 될 것입니다.

이것 vs. 저것(부모 관점)

1. 나의 자녀에게서 확인할 수 있는 긍정적인 행동은 무엇인가요?

_____

_____

_____

2. 그러한 긍정적인 행동을 보고 싶은 이유는 무엇인가요?

_____

_____

_____

3. 나의 자녀에게서 확인할 수 있는 부정적인 행동은 무엇인가요?

_____

_____

_____

4. 그러한 부정적인 행동을 보고 싶지 않은 이유는 무엇인가요?

_____

_____

_____

5. 나의 자녀에게 기대하는 가장 큰 변화는 무엇인가요?

_____

_____

_____

6. 내가 부모로서 나아져야 하는 점은 무엇이라고 생각하나요?

_____

_____

_____

7. 내가 부모로서 충분히 잘하고 있다고 생각하는 것은 무엇인가요?

_____

_____

_____

이것 vs. 저것(아동 관점)

1. 내가 좋아하는 부모님(양육자)의 행동은 무엇인가요?

_____

_____

_____

2. 나는 부모님의 그런 행동을 왜 좋아하나요?

_____

_____

_____

3. 내가 좋아하지 않는 부모님(양육자)의 행동은 무엇인가요?

_____

_____

_____

4. 나는 부모님의 그런 행동을 왜 싫어하나요?

_____

_____

5. 내가 부모님(양육자)에게 기대하는 가장 큰 변화는 무엇인가요?

_____

_____

_____

6. 나 스스로 좋지 않은 행동이라고 여기는 행동은 무엇인가요?

_____

_____

_____

_____

7. 왜 그런 행동을 좋지 않은 행동이라고 생각하나요?

_____

_____

_____

_____

8. 나 스스로 무엇을 잘한다고 생각하나요?

_____

_____

_____

긍정 거울

📦 거울을 보며 나 스스로가 자랑스럽게 느껴지는 긍정적인 것을 말해 보세요. 그리고 다음의 거울에 칭찬과 격려의 말을 적어 보세요. 이 문장을 매일 말하면 긍정적인 마음을 가지는 데 도움이 됩니다.

다리 만들기

'다리 만들기' 활동은 세 부분으로 구성되어 있습니다. 치료사는 아동과 함께 활동지를 완성한 후, 질문에 대한 대답을 생각할 수 있도록 도와줍니다. 활동과 그림들을 언제 완성할지는 아동이 결정할 수 있으며, 이전 단계가 완성되기 전에는 다음 단계로 넘어가지 않습니다.

활동이 끝난 후, 치료사는 아동이 자신의 그림에 대해 이야기 할 수 있도록 격려해 주고, 완성된 그림과 관련된 경험과 느낌을 물어봅니다. 다음 단계로 넘어가기 전, 아동이 만든 작품이나 그림에 관한 일기를 쓰거나, 제목을 붙이는 시간으로 활용할 수 있습니다(활동지 아래에 대화로 된 질문을 참고하여 이 과정들을 도울 수 있습니다).

3부 활동이 끝나면, 아동과 부모가 함께 협력하여 다리 아래의 '장애물' 공간을 채워 봅니다. 트라우마라는 '장애물'이 '치유'되는 과정은 그들의 삶에 대한 도전이 될 수 있습니다.

다리 만들기: 1부

현재

 다음 공간에 내가 현재 나의 삶에서 느끼는 것을 그림으로 그려 보세요.

1부: 지금 내가 느끼는 것

 나의 그림을 이야기해 보세요. 이 그림을 봤을 때 어떤 감정을 느끼나요?

_____

_____

_____

다리 만들기: 2부

미래

 다음 공간에 지금의 트라우마를 극복한 후에 내가 어떠한 삶을 살고 싶은지, 어떤 감정을 느끼고 싶은지 그림으로 그려 보세요.

> **2부: 치료 후 나의 감정**

 나의 그림에 대해 이야기해 보세요. 나는 무엇을 느낄까요? 미래에는 무엇이 또는 누가 나와 함께할까요?

_____

_____

_____

협동

 1부와 2부에 그린 그림을 연결하여 다리를 놓는 활동을 해 보세요. 이때, 부모님이나 다른 사람에게 도움을 요청할 수 있습니다. 이때 키친타월, 튜브, 막대기, 빨대, 종이 또는 다른 재료를 찾아 다리를 연결하는 구조물로 사용해도 됩니다. 나만의 다리를 만들어 보세요.

 이 다리를 생각해 내고 만드는 데 노력한 나의 모습과 멋지게 완성된 다리에 대해 이야기해 보세요. 이 과정을 다른 사람과 함께하는 것은 어땠나요? 서로 도와주었나요? 이 다리가 튼튼하다고 생각하나요? 이 다리를 보며 어떻게 트라우마가 회복되는지 이야기해 보고, 그림으로도 그려 보세요. 나의 삶에서 부모님이나 도움을 준 사람들이 '다리를 연결하는' 치유 과정에 어떠한 도움을 주었는지 함께 이야기해 보세요.

감정과 관계

 사람들과의 관계 안에서 내가 얻고 싶은 것들을 방해하는 감정과 행동이 있나요? 다른 사람들과 어떻게 관계를 맺고 싶은지 나의 생각을 적어 보세요.

관계

_____

_____

_____

방해가 되는 감정과
행동이 있나요?

_____

_____

_____

 나에게 이 관계는
왜 중요한가요?

관계 안에서 내가 얻고 싶은
것들을 방해하는 감정이 있나요?

나의 감정과 행동에 대해 다른 사람은
어떻게 반응하나요?

이 관계를 어떻게 만들어 가고 싶은지
나의 생각을 적어 보세요.

관계를 위해 내가 사용하고 싶은
방법은 무엇인가요?

_____

_____

_____

관계의 균형

  이 활동을 시작하기 위해 다음 페이지를 두 장씩 복사해야 합니다. 하나는 부모가, 다른 하나는 아동이 완성합니다. 아동과 부모가 함께 활동지에 있는 지시 사항을 읽어 보세요. 하나의 활동이 끝나면, 서로 완성된 활동을 공유해 보세요. 그리고 각자의 의견을 충분히 이야기해 보세요. 서로 무엇을 관찰했는지, 미래에 대해서 어떤 생각을 가지고 있는지, 각자의 생각과 관점을 글로 써 볼 수 있도록 도와주세요.

후속 질문

- 각각의 목록에는 어떤 의견들이 있나요?
- 각각의 목록에서는 어떤 유사점과 차이점을 찾을 수 있나요?
- 관계 안에서 균형을 느끼기 위해 각자 어떤 노력이 필요한가요?
- 각각의 목록에 적은 것들은 현실성이 있나요?
- 관계의 균형을 잘 잡기 위해 오늘 어떤 노력을 할 수 있나요?

관계의 균형

📦 다음의 색칠된 사각형에 관계 안에서 '다른' 사람이 나에게 제공하는 것을 적어 보세요.
다음의 하얀 사각형에는 관계 안에서 '내가' 다른 사람에게 제공하는 것을 적어 보세요. 예
를 들어, 만약 내가 부모라면, 사각형 안에 내가 아동에게 제공하는 것을 적으면 됩니다.
이 관계에서 나의 감정이 균형을 맞추고 있는지 생각해 보세요. 만약 균형이 맞지 않는다
면, 다음의 삼각형에는 관계의 균형을 맞추기 위해 내가 어떤 노력을 해야 하는지 적어 보
세요. 활동이 끝나면 부모 또는 치료사와 생각을 공유하고, 함께 이야기를 나누어 보세요.

관계의 장애물

🎁 다른 사람과 관계를 맺는 것은 하나의 여정과도 같습니다. 건강한 관계를 방해하는 장애물은 무엇인가요? 방해하는 것들을 접촉 사고나 장애물 같은 것으로 묘사해 보세요. 각각의 도형에 관계를 방해하는 장애물의 이름을 쓰거나 그려 보세요. 어떻게 하면 장애물을 해결할 수 있는지, 또는 예방할 수 있는지 생각해 보세요. 지금 나는 어떤 행동을 할 수 있을까요?

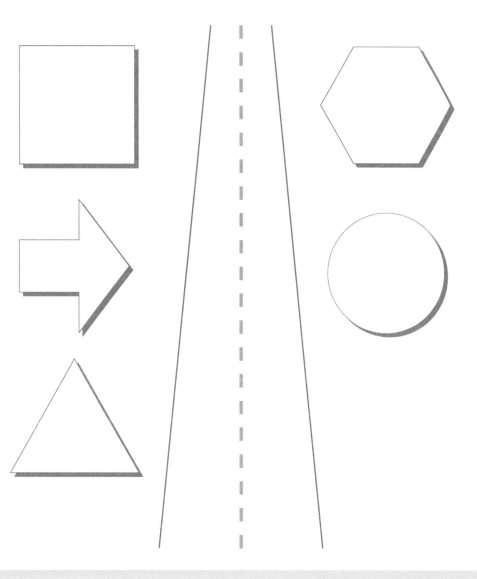

무엇을 보고 있나요?

🎁 나쁜 일이 일어날 때, 우리는 스스로를 비난하는 경향이 있습니다. 이 활동은 자신의 부적응적인 관점을 바꾸고, 적응적인 생각을 하도록 도와줍니다. 점선을 기준으로 종이를 반으로 접은 후, 한쪽 면에는 다른 사람들이 나를 어떻게 보는지 그림을 그려 보세요. 그리고 다른 쪽에는, 나 스스로를 어떻게 보는지 그림을 그려 보세요. 종이를 다시 펼쳐 두 개의 그림을 비교해 보세요.

다른 사람들은 나를 어떻게 보고 있나요?

🎁 다른 사람들은 내가 가지고 있는 자질과 특성이 무엇이라고 말하나요? 다른 사람들은 내가 가지고 있는 이미지에 대해 어떻게 느끼나요? 나를 보는 그들의 관점은 얼마나 정확한가요? 다른 사람들이 생각하는 나에 대한 관점을 어떻게 바꾸고 싶은가요?

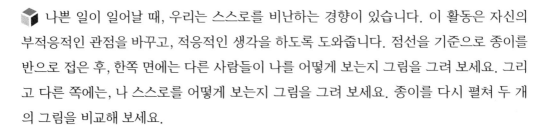

나는 스스로를 어떻게 생각하나요?

🎁 내가 가지고 있는 자질과 특성은 무엇인가요? 자신의 이미지에 대해 나는 어떻게 느끼나요?

🎁 나 스스로에 대한 관점을 어떻게 바꾸고 싶은가요?

🎁 두 그림 사이에는 어떤 차이점이 있나요?

관계의 순환

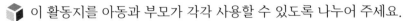 이 활동지를 아동과 부모가 각각 사용할 수 있도록 나누어 주세요.

관계를 방해하는 장애물에 대해 함께 생각해 보세요. 왼쪽의 화살표에는 나의 행동을 나열해 보고, 오른쪽의 화살표에는 다른 사람들의 반응이나 행동을 나열해 보세요. 하나의 반응이나 행동이 다른 반응이나 행동에 어떻게 영향을 미치는지, 그리고 그 패턴이 반복되는 원인이 무엇인지 찾아보세요. 가운데의 빈 공간에는 어떻게 하면 반복되는 이 패턴을 막을 수 있는지 적어 보세요. 활동이 끝나면, 각자 그린 그림을 공유하고 비교해 보세요.

서로의 그림에서 어떤 유사점과 차이점을 찾을 수 있나요? 상대방의 이야기를 듣고 그것을 이해하기 위해 나는 어떤 노력을 해야 하나요? 서로에게 도움이 되기 위해 오늘은 각자 어떤 노력을 해야 하나요?

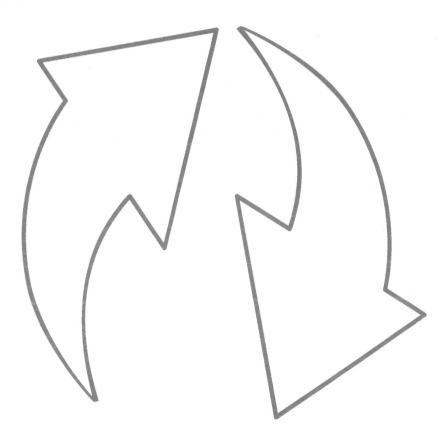

촉발요인과 보호요인

활동을 시작하기 전, 아동과 함께 다음 활동지의 설명을 읽어 보세요. 그리고 활동지를 가능한 한 많이 복사하여 각각의 촉발요인을 적어 보세요.

먼저 아동이 사건을 겪기 전 어떤 감정과 행동이 촉발요인이 되었는지 이야기를 나누어 보세요. 트라우마를 겪은 아동에게 촉발요인을 찾는 활동은 어려운 일일 수 있습니다.

상황이 악화되지 않도록 하는, 또 아동이 자기 자신에게 부정적으로 말하지 않도록 하는 '보호요인'이 무엇인지 발견할 수 있도록 이야기를 나누어 보세요.

활동이 끝난 후에는, 아동이 스스로 생각한 촉발요인과 보호요인을 확인하고 함께 이야기를 나눈 후, 자신의 경험과 생각을 기록해 보도록 도와주세요. 다음의 질문들이 도움이 될 수 있습니다.

• 나의 보호요인(생각, 감정, 다른 사람과의 상호작용)을 사용했을 때 어떤 긍정적인 결과가 발생하나요?
• 나의 보호요인은 무엇일까요?
• 보호요인을 사용하면 어떤 일들이 일어나는 것을 막을 수 있나요?
• 보호요인을 어디에 사용하고 싶나요?
• 보호요인을 사용한 후에는 어떤 느낌이 들까요?

촉발요인과 보호요인

 왼쪽의 공간에는 집이나 학교에서 경험한 촉발요인을 그리거나 적어 보세요. 오른쪽 공간에는 촉발된 감정으로부터 자신을 지켜 줄 수 있다고 생각하는 보호요인을 그리거나 적어 보세요.

촉발요인	보호요인

힘의 포스터: 1부

  다음은 아동과 부모가 함께하는 활동으로, 두 개의 부분으로 구성되어 있습니다. 먼저 힘의 포스터 1부에서는 아동의 긍정적인 특성을 포스터에 적고 그리는 활동을 함께하도록 안내합니다. 필요하다면 더 큰 종이를 사용해도 됩니다. 활동이 끝난 후, 무엇을 그렸는지 서로 이야기해 보도록 하세요.

  덧붙여서 활동을 통해 아동의 어떤 강점과 긍정적인 특성을 확인할 수 있나요?
아동이 불안과 어려움을 경험할 때, 이러한 아동의 강점을 어떻게 사용할 수 있을까요?

힘의 포스터: 2부

  힘의 포스터 2부에서는 아동과 부모가 1부에서 찾은 아동의 긍정적 특성을 나열하도록 하고, 나열된 긍정적 특성들을 각각의 행동과 연관 지어 보세요. 이 활동지는 아동이 얼마나 자주 긍정적인 행동을 하는지 측정할 수 있는 행동 지표로 활용될 것입니다. 가능한 한 이 활동지를 많이 만들어 매일 사용해 보세요.

아동의 긍정적 특성과 관련된 행동은 무엇인지 이야기 나누어 보세요.

• 아동은 언제 긍정적인 행동을 하나요?
• 다른 사람들을 도울 때 아동은 어떤 긍정적인 행동을 하나요?
• 다른 사람들의 기분이 안 좋을 때 아동은 다른 사람을 돕는 행동을 하나요?
• 주기적인 기록을 통해 아동의 긍정적 행동 과정을 평가할 수 있습니다. 아동이 아직 어려서 기록하기 힘들다면, 부모님이 대신 기록할 수 있습니다.

힘의 포스터: 1부

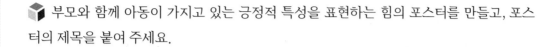 부모와 함께 아동이 가지고 있는 긍정적 특성을 표현하는 힘의 포스터를 만들고, 포스터의 제목을 붙여 주세요.

힘의 포스터: 2부

힘의 포스터에서 찾은 긍정적 특성 (예: 사려 깊다)	행동 (예: 친구나 가족에게 친절한 행동을 한다)	☺

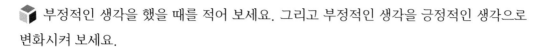

 부정적인 생각을 했을 때를 적어 보세요. 그리고 부정적인 생각을 긍정적인 생각으로 변화시켜 보세요.

 긍정적인 생각의 예:

- 나는 ~을 잘한다.
- 나는 ~한 나를 지지해 주는 가족이 있다.
- 나는 ~을 좋아한다.

요일	부정적인 생각	긍정적인 생각
일요일	나쁜 일이 일어날 것만 같다.	나는 ~을 기대하고 있다.

상처와 밴드

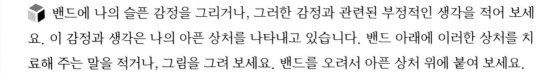 밴드에 나의 슬픈 감정을 그리거나, 그러한 감정과 관련된 부정적인 생각을 적어 보세요. 이 감정과 생각은 나의 아픈 상처를 나타내고 있습니다. 밴드 아래에 이러한 상처를 치료해 주는 말을 적거나, 그림을 그려 보세요. 밴드를 오려서 아픈 상처 위에 붙여 보세요.

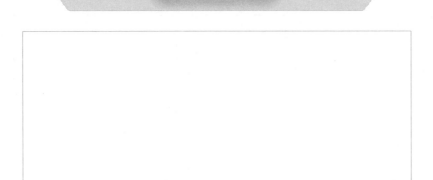

대처 카드

 매우 충격적인 상황에 노출되거나 이를 경험하였을 때, 나를 지지해 주는 사람, 차분해지는 방법, 안전함을 느낄 장소와 같은 것을 떠올려야 합니다. 대처 카드를 복사해 아동 스스로 필요한 것을 적을 수 있도록 해 주세요. 이 대처 카드들을 주머니나 공책에 두고 쉽게 볼 수 있도록 도와주세요.

누가 나를 사랑하나요?

안전해 보이거나 안전함을 느끼는 것

이것은 나를 차분하게 만들어 줘요

나는 ~할 때 즐거워요

온도계

 온도계는 아동이 어떤 상황에서 가장 긴장하는지 표현하는 데 유용합니다. 다음 온도계의 숫자가 표시된 질문에 해당하는 아동의 상황을 찾아 적어 보세요. 그리고 각각의 상황에서 감정을 나타내는 색깔을 골라 색칠해 보세요.

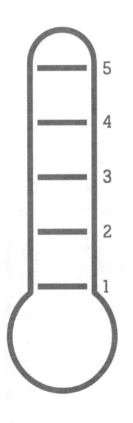

5 나는 완전히 감정에 압도되었어요. 빨리 여기서 벗어나고 싶어요.

_____

_____

4 나는 마음이 매우 불편하고, 힘들어요. 도움이 필요해요.

_____

_____

3 나는 마음이 좀 불편하지만 아직까진 괜찮아요.

_____

_____

2 나는 마음이 편안해요. 나는 할 수 있어요.

_____

_____

1 나는 마음이 매우 편안해요. 걱정이 없어요.

_____

_____

감정을 나타내는 표정

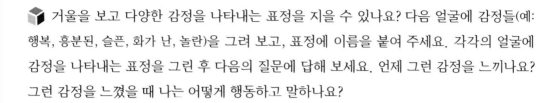 거울을 보고 다양한 감정을 나타내는 표정을 지을 수 있나요? 다음 얼굴에 감정들(예: 행복, 흥분된, 슬픈, 화가 난, 놀란)을 그려 보고, 표정에 이름을 붙여 주세요. 각각의 얼굴에 감정을 나타내는 표정을 그린 후 다음의 질문에 답해 보세요. 언제 그런 감정을 느끼나요? 그런 감정을 느꼈을 때 나는 어떻게 행동하고 말하나요?

> 예: 행복, 슬픔, 놀라움, 두려움, 걱정, 피곤함, 우울, 흥분한, 차분한, 만족스러운, 좌절감, 무관심한, 무서움, 화남

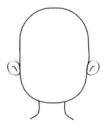

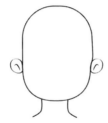

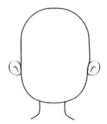

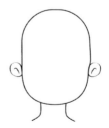

감정의 원

📦 감정의 원은 각각의 상황에 따라 느낀 감정을 시각화하도록 도와줄 것입니다. 치료 전과 후에 내가 경험한 감정들을 원 안에 각각의 조각으로 표현해 보세요. 치료 전에는 어떤 감정을 느꼈나요? 원의 가장 큰 조각은 어떤 감정인가요(예: 행복, 걱정, 슬픔, 화 등)? 치료 후에 느끼는 가장 큰 감정은 무엇인가요? 더 큰 원에 나의 감정을 만들어 보세요.

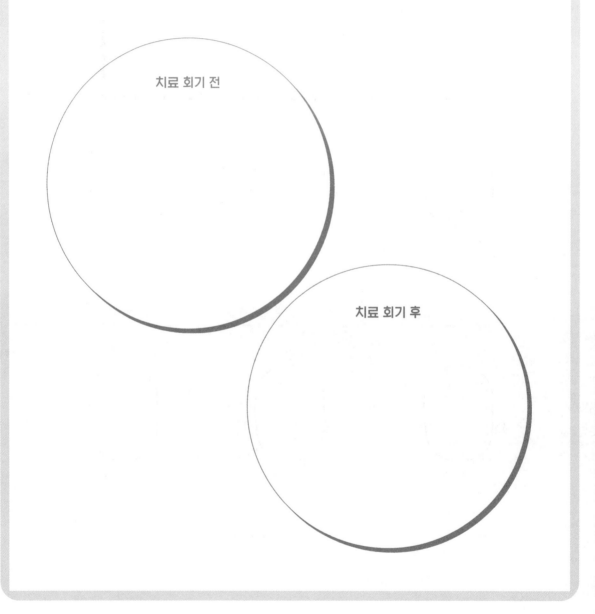

치료 회기 전

치료 회기 후

편안한 몸

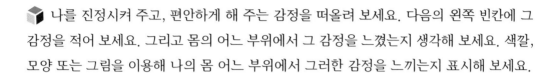 나를 진정시켜 주고, 편안하게 해 주는 감정을 떠올려 보세요. 다음의 왼쪽 빈칸에 그 감정을 적어 보세요. 그리고 몸의 어느 부위에서 그 감정을 느꼈는지 생각해 보세요. 색깔, 모양 또는 그림을 이용해 나의 몸 어느 부위에서 그러한 감정을 느끼는지 표시해 보세요.

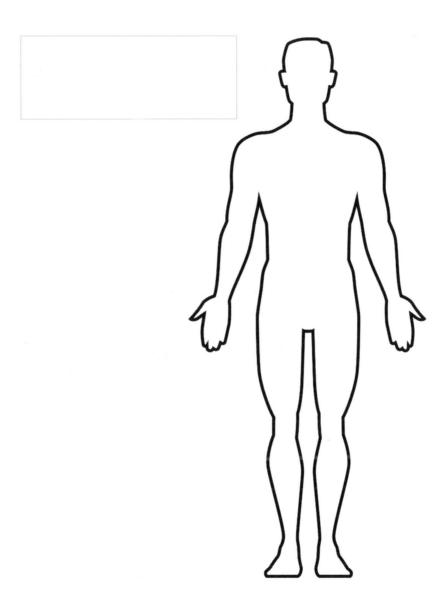

부정적인 생각 쓰레기통

1. 나를 괴롭게 하는 부정적인 생각이나, 오랫동안 나를 괴롭혔던 생각들을 종이에 적어 보세요.

2. 부정적인 생각이 적힌 종이를 구겨서 쓰레기통에 버리세요.

3. 스스로에게 긍정적인 말을 해 보세요.

4. 부정적인 생각이 적힌 종이를 쓰레기통에 던져 버리는 상상을 통해 편안한 마음이 될 수 있습니다.

쓰레기통

안전감 훈련

 충격적인 사건이나 스트레스를 겪은 아동은 집을 벗어나거나 치료실 밖에 있을 때 촉발요인을 경험하게 될 것입니다. 따라서 아동 스스로 침착해질 수 있도록 연습하는 것은 중요합니다. 현재에 집중하고, 안전감을 다시 느껴 보세요.

 다음은 안전감을 연습하기 위한 몇 가지의 예입니다. 아동을 편안하게 해 주는 내용이 적힌 카드를 주머니 안에 가지고 다니게 하세요.

예 1: 5, 4, 3, 2, 1

"내가 볼 수 있는 5가지, 만질 수 있는 4가지, 들을 수 있는 3가지, 냄새를 맡을 수 있는 2가지, 맛을 볼 수 있는 1가지를 떠올려 보세요."

예 2: 긍정적인 대처 주문

"나는 안전하다, 나는 (이름)이다. 나는 지금 안전하다. 이것은 그저 기억일 뿐이다. 그때는 그때일 뿐이고, 나는 지금 현재 이 순간에 있다. 나는 현재(장소)에 있다. 그리고 오늘은 (날짜)일이다. 이 기억은 지나갈 것이다."

풍선 불기

🎁 화가 나는 생각이나 기억이 떠올랐을 때, 호흡을 조절하는 것은 우리의 몸을 차분하게 해 주고, 우리의 행동을 의식할 수 있게 도와줍니다. 깊게 숨을 쉬는 것을 연습하기 위해 아동에게 풍선을 부는 연습을 하게 하세요. 아동이 숨을 내뱉을 때, 풍선의 바람이 빠지는 상상을 해 보라고 말해 주세요. 아동이 호흡을 조절하기 위해 아래의 풍선을 내뱉는 숨이라 생각하고 천천히 숨을 내뱉는 동안 색깔을 칠하게 하세요.

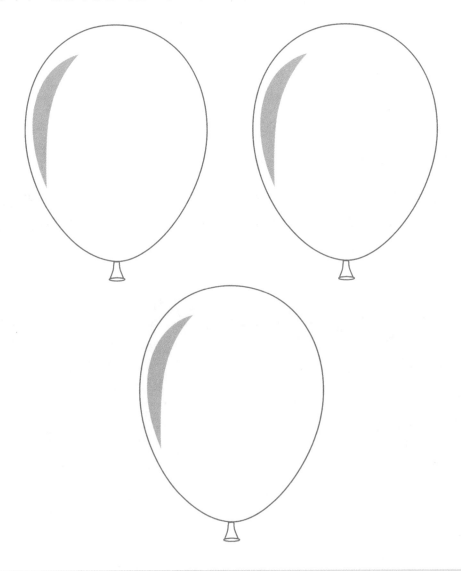

편안하게 만드는 그림

 재료: 종이, 채색 도구(물감, 크레파스, 색연필 등), 붓

 아동에게 색깔을 생각하고, 각 색깔에 따른 자신의 느낌이나 반응을 이야기하게 하세요(모든 사람이 특정 색깔에 같은 반응을 보이지 않는다는 점을 유념하세요). 아동에게 차분함/편안함을 느끼게 하는 색깔을 선택하게 하고, 종이에 휴식의 느낌을 나타내는 색깔로 그림을 그려 보도록 하세요.

 아동이 활동을 끝내면:

- 아동의 그림이 무엇을 표현한 것인지, 왜 안도감을 느끼는지 물어보세요.
- 지금까지 편안함을 경험하도록 이끈 활동은 무엇이었는지, 또 그때가 언제였는지 이야기해 보세요.
- 하루 동안 어떻게 하면 더 많은 편안함을 얻을 수 있는지 이야기해 보세요.

기분을 진정시키는 사다리

 이 활동은 아동이 촉발요인을 직면했을 때, 어떻게 진정할 수 있는지를 시각화하도록 도와줄 것입니다. 아동과 함께 기분을 진정시키는 데 도움이 되는 전략들을 만들어 보세요. 그림을 그리거나, 기분을 차분하게 만드는 색을 칠하거나 혼잣말(self-talk)을 만들 수 있습니다.

예:

나만의 방식으로 만들어 보세요.

진정시키기 위한 계획
1. 앉는다.
2. 눈을 감는다.
3. 숨을 깊게 5번 쉰다.
4. 다시 공부를 한다.

진정시키기 위한 계획
1.
2.
3.
4.

휴식 주사위

 치료 회기 동안에 '뇌의 휴식 시간(brain breaks)'을 경험해 보도록 하세요. 다음 도형의 바깥 선을 따라 자르고 접어 휴식 주사위를 만들어 보세요. 주사위를 굴리면서 아동의 뇌가 휴식 시간을 갖고 나면, 다시 치료에 집중할 수 있도록 도와주세요.

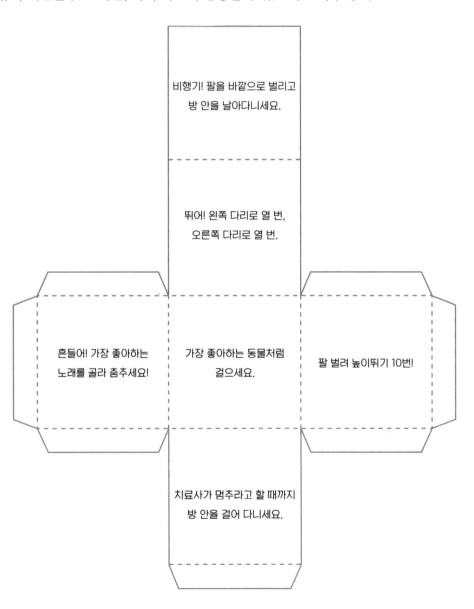

몸과 마음의 건강 모니터링

날짜: _____

마음:

마음을 건강하게 하기 위해
이번 주에 무엇을 할 것입니까?

_____
_____
_____
_____
_____

몸:

몸을 건강하게 하기 위해
이번 주에 무엇을 할 것입니까?

_____
_____
_____
_____
_____

이번 주 나의 목표: _____

이번 주에 마주친 촉발요인: _____

사용할 수 있는 대처 기술: _____

이번 주를 마무리하며 1(성공하지 못함)부터 5(매우 성공적)까지 숫자를 매겨 주세요.

나의 목표를 향한 활동:　　　　**1　2　3　4　5**

이번 주에 마주친 촉발요인:　　**1　2　3　4　5**

사용한 대처 기술:　　　　　　　**1　2　3　4　5**

건강한 마음과 몸 만들기:　　　**1　2　3　4　5**

몸과 감정의 연결

'몸과 감정의 연결' 활동지는 아동이 신체 활동과 감정을 연결하는 데 도움을 주기 위해 고안되었습니다. 아동에게 화났던 기억이나 상황을 이야기하도록 한 후, 그러한 감정을 몸에 색칠하게 하세요. 힘들거나 도망가고 싶은 상황에 있을 때, 몸이 어떻게 느끼고 어떤 감정을 느끼는지 나누어 봅니다.

아동에게 힘든 기억으로부터 긴장을 완화해 주는 신체 활동을 생각해 보게 하세요(예: 나는 화가 나면 소리치고 싶어. 그래서 내 베개에 소리쳤어). 또 아동에게 긍정적인 신체 활동에 참여했을 때 몸이 어떻게 느끼는지 다른 색으로 색칠해 보도록 합니다.

몸과 감정의 연결

부정적

생각/감정: _____

_____

_____

경험한 감정: _____

_____

_____

긍정적

신체 활동: _____

_____

_____

경험한 감정: _____

_____

_____

운동 일기

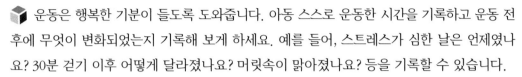 운동은 행복한 기분이 들도록 도와줍니다. 아동 스스로 운동한 시간을 기록하고 운동 전후에 무엇이 변화되었는지 기록해 보게 하세요. 예를 들어, 스트레스가 심한 날은 언제였나요? 30분 걷기 이후 어떻게 달라졌나요? 머릿속이 맑아졌나요? 등을 기록할 수 있습니다.

날짜	운동 전에는 어떻게 느꼈나요?	운동의 종류 & 시간	운동 후에는 어떻게 느꼈나요?

제 2 장

주의력 결핍 및
과잉행동장애(ADHD)

이 장은 주의력 결핍 및 과잉행동장애(ADHD)의 증상을 정의하고, ADHD가 일상생활에 미치는 영향을 이해하는 데 도움을 줄 것입니다. 특히, 이 장의 활동은 ADHD 아동과 청소년의 사회성, 학업 성취 등과 관련된 증상을 완화시키고, 자기 조절 기술을 습득할 수 있도록 구성되었습니다. 이러한 활동을 통해 ADHD 아동과 청소년은 자신의 생각과 행동이 어떻게 연결되어 있는지 인식할 수 있으며, 자신의 증상을 이해할 수 있게 됩니다. 관계 증진 활동은 사회적으로 적절한 행동과 적절하지 않은 행동들이 무엇인지 이해하고, 자신의 행동을 조절함으로써 적절한 사회적 관계를 발전시키는 데 중점을 두고 있습니다. 능력 기반 활동은 시간 평가, 자기 조절, 자신의 행동이 미치는 영향을 이해하는 것과 같은 적응과 관련된 행동으로 이루어져 있습니다. 뇌 기반 활동은 매일의 습관 형성하기, 긍정적인 이미지 사용하기, 증상을 감소시키는 데 도움이 되는 신체 활동하기와 같은 활동이 포함되어 있습니다.

부주의 검토

부주의는 무엇일까요?

 '부주의하다는 것'은 나에게 무엇을 의미하나요? 다음의 질문에 각자 자신의 부주의한 점이 무엇인지 적어 보세요. 내가 주의를 더 집중할 수 있는 장소는 어디인가요? 내가 더 부주의하고, 산만해지는 장소는 어디인가요?

집	학교	지역사회

부주의함은 나에게 어떤 영향을 주나요?

 각 상황에서의 나의 부주의함은 어떤 영향을 미치나요? 내가 가장 집중하기 어려웠던 때는 언제인가요? 내가 충동적으로 행동했을 때, 뒤따르는 결과는 무엇인가요?

집	학교	지역사회

엉뚱한 생각 목록

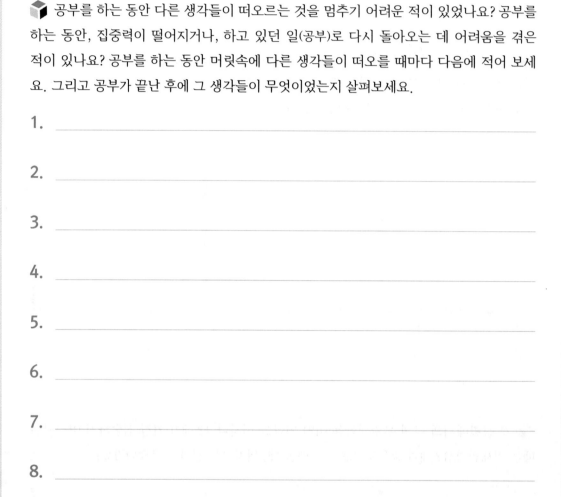

📦 공부를 하는 동안 다른 생각들이 떠오르는 것을 멈추기 어려운 적이 있었나요? 공부를 하는 동안, 집중력이 떨어지거나, 하고 있던 일(공부)로 다시 돌아오는 데 어려움을 겪은 적이 있나요? 공부를 하는 동안 머릿속에 다른 생각들이 떠오를 때마다 다음에 적어 보세요. 그리고 공부가 끝난 후에 그 생각들이 무엇이었는지 살펴보세요.

1. _____

2. _____

3. _____

4. _____

5. _____

6. _____

7. _____

8. _____

📦 부모님과 함께 이 목록을 검토해 보세요. 이 생각들은 중요한 생각인가요? 이 생각들은 즉시 다뤄야 할 필요가 있나요? 이 생각들 중 어떤 생각들을 무시하거나, 나중으로 미뤄둘 수 있는지 생각해 봅시다.

부주의한 시간 찾기

◆ 하루 계획표를 작성해 보세요. 학교에 가는 날과 가지 않는 날의 계획표를 비교하여 작성해 보세요. 하루 중 주의 집중이 가장 힘든 시간이 언제였는지 확인해 보고, 이때 했던 활동과 그 결과를 적어 보세요.

시간	활동	결과

충동성 검토

충동성이란 어떤 것이라 생각하나요?

🔷 '충동성'이란 나에게 무엇을 의미하나요? 다양한 장소에서 했던 충동적인 행동을 적어 보세요. 내 행동을 가장 잘 조절할 수 있는 상황은 언제인가요? 충동성을 조절하기 가장 힘든 상황은 언제인가요?

집	학교	지역사회

충동성은 나에게 어떤 영향을 주나요?

🔷 다양한 장소에서 했던 충동적인 행동은 나에게 어떤 영향을 미쳤나요? 충동적인 행동이 가장 큰 영향을 미칠 때는 언제인가요? 충동적으로 행동했을 때 나타나는 결과는 무엇인가요?

집	학교	지역사회

내부 vs. 외부로부터의 주의 분산

 하루 중 우리는 여러 번 주의가 산만해지는 것을 경험합니다(예: 소음, 생각, 다른 사람과의 대화). 몸 안과 밖에서 나의 주의를 분산시키는 것들과 집중력을 떨어뜨리는 것들을 모두 찾아 적어 보세요.

몸 안	몸 밖

앞의 '내부 vs. 외부로부터의 주의 분산' 활동으로 돌아가세요. 주의가 분산될 때, 어떠한 대처 기술을 사용할 수 있을까요?

내부로부터의 주의 분산	대처 기술

외부로부터의 주의 분산	대처 기술

해결 방법 찾기

 여기 문제를 해결하기 위한 몇 가지 방법이 있습니다. 현재의 문제와 해결 방법 두 가지를 브레인스토밍해 보세요. 각 해결 방법의 긍정적인 결과와 부정적인 결과는 무엇인가요? 다음의 표에서 나의 문제를 해결하는 가장 최선의 해결 방법을 찾아보고, 그것이 어떤 효과가 있는지 적어 보세요.

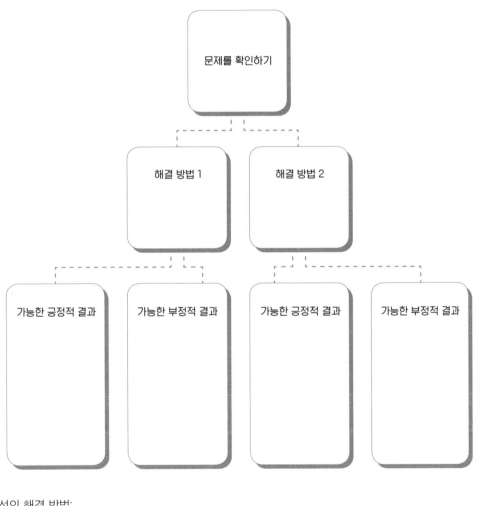

최선의 해결 방법: _____

_____

나의 경고 신호 탐색하기

 나의 경고 신호에 대해 나는 어떻게 생각하고 느끼나요? 다른 사람들은 나의 경고 신호에 대해 어떻게 생각하고 느끼나요?

나의 경고 신호 (예: 가만히 못 있는, 수다스러운, 안절부절못하는, 신경질적인)	내가 나의 경고 신호에 대해 생각하고 느끼는 것	다른 사람들이 나의 경고 신호에 대해 생각하고 느끼는 것

생각 재구성

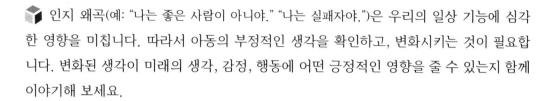 인지 왜곡(예: "나는 좋은 사람이 아니야." "나는 실패자야.")은 우리의 일상 기능에 심각한 영향을 미칩니다. 따라서 아동의 부정적인 생각을 확인하고, 변화시키는 것이 필요합니다. 변화된 생각이 미래의 생각, 감정, 행동에 어떤 긍정적인 영향을 줄 수 있는지 함께 이야기해 보세요.

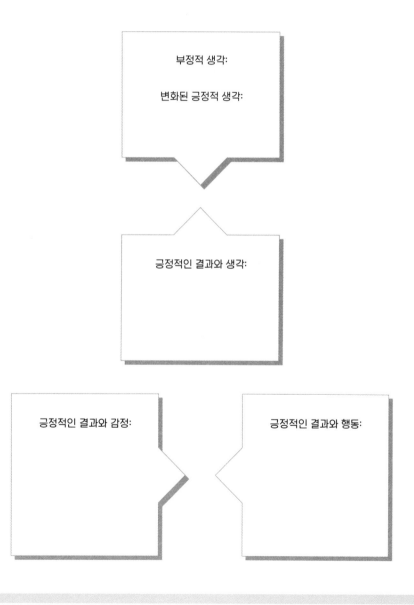

부정적 생각:

변화된 긍정적 생각:

긍정적인 결과와 생각:

긍정적인 결과와 감정:

긍정적인 결과와 행동:

가족 규칙

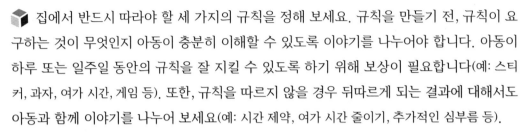 집에서 반드시 따라야 할 세 가지의 규칙을 정해 보세요. 규칙을 만들기 전, 규칙이 요구하는 것이 무엇인지 아동이 충분히 이해할 수 있도록 이야기를 나누어야 합니다. 아동이 하루 또는 일주일 동안의 규칙을 잘 지킬 수 있도록 하기 위해 보상이 필요합니다(예: 스티커, 과자, 여가 시간, 게임 등). 또한, 규칙을 따르지 않을 경우 뒤따르게 되는 결과에 대해서도 아동과 함께 이야기를 나누어 보세요(예: 시간 제약, 여가 시간 줄이기, 추가적인 심부름 등).

가족 규칙	보상	결과
1.		
2.		
3.		

긍정적인 행동 찾기

 하루 동안 아동이 한 긍정적인 행동을 찾아 기록해 보세요. 아동의 긍정적인 행동에 주목하고, 그에 대해 칭찬하는 것이 필요합니다. 하루를 마무리할 때, 이 목록들을 검토하세요. 이 활동을 필요한 만큼 반복하세요.

 아동에게서 어떤 긍정적인 행동을 확인했나요? 아동의 긍정적인 행동을 확인하는 데 도움이 필요한가요? 아동에게 자신이 한 긍정적인 행동에 대해 칭찬받았을 때의 기분을 물어보고 함께 이야기를 나누어 보세요.

강점과 약점

 다음에 아동의 강점과 약점을 적은 후, 최근에 겪은 어려움이 무엇인지 구체적으로 적어 보세요(예: 시험 공부, 친구 사귀기, 선생님과 면담). 자신의 약점을 개선하기 위해 어떻게 강점을 사용할 수 있나요? 다음 활동지를 완성해 보세요.

예:

> 문제: 민재는 시험 공부하는 것이 어렵다. 공부할 때 문제를 읽어도 잘 기억하지 못한다. 만재는 그것이 그저 시험 치는 데 나쁠 뿐이라고 생각한다.
>
> 강점: 노래 만들기
> 약점: 시험과 관련된 공부 내용을 기억하는 것
> 강점을 사용해 보완하기: 시험과 관련된 내용을 기억하기 위한 노래를 만든다.

> 문제: _____
> _____
> _____
>
> 강점: _____
> 약점: _____
> 강점을 사용해 보완하기: _____

말하기 또는 삼키기

 자신이 생각한 것을 모두 말해야 하는 것은 아닙니다. 다음 글을 읽어 보고 그것을 말할 것인지 삼킬 것인지 선택해 보세요.

	말하기	삼키기
오늘 헤어스타일이 좋아 보여.		
왜 그 안경을 썼어?		
왜 너는 이가 삐뚤빼뚤해?		
난 이 신발보다 다른 신발이 더 멋져 보여.		
나랑 게임할래?		
내 일 좀 도와줄래?		
네 옷 색깔이 좋아.		
추가하세요:		

좋은 친구 되기

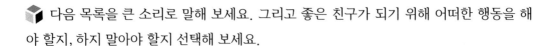

🎲 다음 목록을 큰 소리로 말해 보세요. 그리고 좋은 친구가 되기 위해 어떠한 행동을 해야 할지, 하지 말아야 할지 선택해 보세요.

칭찬하기	잡기	방해하기	소리 지르기
다른 사람의 공간 침범하기	엄지 척 해 주기	큰 목소리 내기	듣기
시끄럽게 하기	"실례합니다." 하기	차례를 기다리기	미소 짓기
조용한 목소리 내기	인내심 가지기	누군가의 어깨를 반복적으로 치기	

좋은 친구	좋지 않은 친구

주제에 집중하기

　다른 사람과 대화할 때 하나의 주제에 집중하는 것은 중요합니다. 시각적 활동지를 사용해서 아동 및 청소년이 치료 회기 동안 하나의 주제에 집중하는 것을 연습하도록 도와주세요. 화살표를 자른 후, 이 활동을 연습하기 위한 대화 주제를 고르세요. 아동 및 청소년이 "주제에 집중한다." 또는 "주제에서 벗어난다."를 정하고, 화살표를 원의 어느 곳에 둘 것인지 결정하도록 하세요.

　대화하는 동안 아동 및 청소년이 주제에서 벗어나 다른 이야기를 하는지, 아니면 대화 주제에 잘 집중하고 있는지 살펴봐야 합니다. 주제에서 벗어난 대화를 한다면 대화 주제가 무엇인지 확인하고 다시 주제에 집중할 수 있도록 도와주세요. 선생님, 가족, 친구와 대화할 때 주제에 집중하는 방법을 이야기해 보세요. 그리고 시각적 활동지를 가지고 집에서도 연습할 수 있도록 도와주세요.

주제에 집중하기

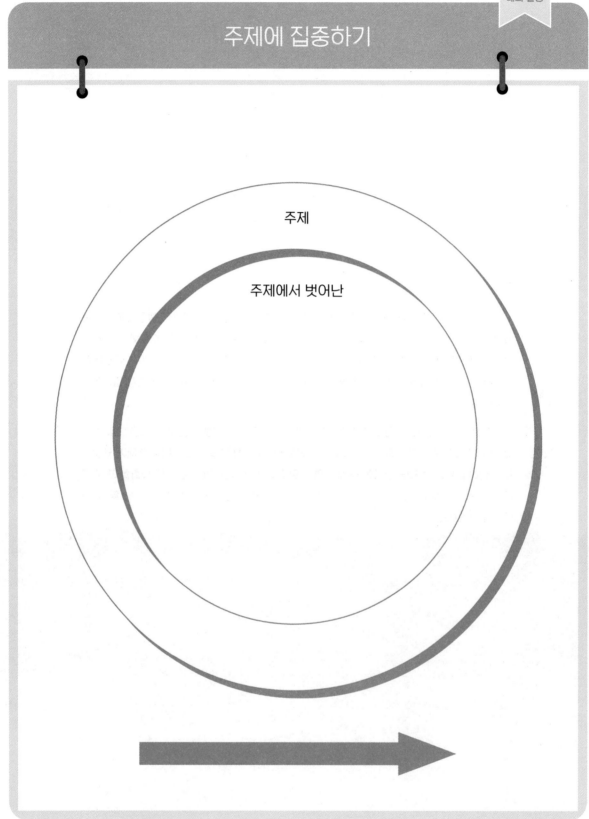

주제

주제에서 벗어난

경계선 지키기

 다른 사람과 대화할 때, 나의 경계선이 어디까지인지 이해하는 것은 중요합니다. 이 활동은 아동이 적절한 대화 주제와 적절치 않은 대화 주제가 무엇인지 인식할 수 있도록 도와줍니다.

	내가 함께 대화할 수 있는 것	내가 함께 대화할 수 없는 것
가족 구성원		
친구들		
선생님		
공동체의 구성원(예: 교장, 의사, 간호사)		
중요 관계자들(예: 경찰, 경호원)		
외부인(예: 잘 모르는 사람, 인터넷상에서 만난 사람)		

나의 문제는 얼마나 클까?

📦 집이나 학교에서 문제가 발생했을 때, 아동은 세상이 산산조각 나는 듯한 감정을 느낍니다. 그러나 대부분의 문제들은 생각하는 것만큼 나쁜 것은 아닙니다. 아동이 문제 상황에서 객관적으로 상황을 판단하는 것은 어려울 수 있습니다. 이 활동은 아동 스스로 문제의 심각성을 판단하고, 그 문제를 어떻게 해결할 것인지 생각할 수 있도록 돕는 활동입니다. 치료 회기 동안 아동과 함께 각 단계별 문제의 예시들을 적고 브레인스토밍해 보세요. 또한, 각 단계별 문제가 발생했을 때 해결할 수 있는 전략을 적어 보세요. 필요하다면 아동에게 다음과 같은 질문을 해 보세요. '이 단계의 문제를 어떻게 풀 수 있을까?' 또는 '언제 다른 사람들에게 도움을 요청해야 할까?' 이 활동은 치료 회기에서, 그리고 실제 생활에서 발생하는 문제를 다룰 때 유용할 것입니다.

가장 큰 문제! 도움이 필요합니다!

중간 정도 크기의 문제

사소한 문제

문제와 반응

나의 문제에 점수를 매겨 보세요: 1(작음)~10(큼) _____

_____

나의 문제를 이야기해 보세요: _____

_____

나의 반응 정도에 점수를 매겨 보세요: 1(작음)~10(큼) _____

_____

나의 반응을 이야기해 보세요: _____

_____

문제에 대한 나의 반응이 적절하다고 생각하나요? _____

_____

부모 및
교사를 위한
활동

시간 예상하기

🎁 시간 관리는 중요한 기술입니다. 특히, 아동의 주의가 산만할 때는 더욱 중요합니다. 이 활동은 아동이 시간에 집중하도록 돕는 것을 목표로 합니다. 아동에게 다음 활동을 완성하기 위해 필요한 시간을 추측하게 하세요. 그리고 아동이 활동을 완성하는 데 실제로 걸린 시간을 기록해 보세요. 각 활동을 완성하는 데 얼만큼의 시간이 필요한지 아동과 함께 이야기해 보세요. 아동의 필요에 따라 추가적인 활동을 더 하거나, 이를 수정하여 사용할 수 있습니다.

필요한 소품: 스톱워치

활동	활동을 끝내는 데 예상되는 시간	활동을 끝내는 데 실제로 걸린 시간
팔 벌려 높이뛰기 25번		
방 안 돌아다니기 2번		
숫자 1~20까지 말하기(앞에서 뒤로 또는 뒤에서 앞으로)		
어깨를 만진 후 발끝 만지기 10번		
가장 가까운 문으로 걸어갔다가 다시 자리로 돌아오기 3번		

목표 설정 평가지

목표: 내가 완수하고 싶은 것은 무엇인가요?

1. 목표를 완수하기까지 어느 정도의 시간이 필요한가요?

2. 목표를 완수하기 위해 필요한 것들은 무엇인가요? (예: 부모의 도움, 치료사의 도움, 재료, 시간)

3. 목표를 완수하기까지 몇 단계의 과정이 필요한가요?

	필요한 시간 예상해 보기	완료
1단계:		☐
2단계:		☐
3단계:		☐
4단계:		☐
5단계:		☐

보상의 시각화

| 목표 | 발생할 수 있는 문제 | 장기적인 보상 |

나의 장기적인 목표는 무엇인가요? _____

_____

목표를 성취하기까지 몇 단계가 필요하다고 생각하나요? _____

_____

그 과정에서 어떤 문제가 발생할 것 같나요? (예: 정신적 · 신체적) _____

_____

목표를 달성하기 위해 어떤 도움이 필요한가요? _____

_____

장기적인 보상은 어떤 것이 될 수 있을까요? _____

_____

주의 조절 장치

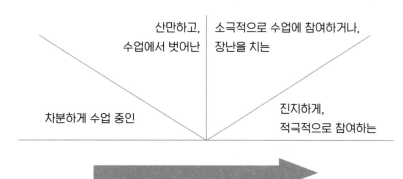

산만하고,
수업에서 벗어난

소극적으로 수업에 참여하거나,
장난을 치는

차분하게 수업 중인

진지하게,
적극적으로 참여하는

아동이 자신의 행동을 인식할 수 있도록 화살표를 잘라 주의 조절 장치에 붙여 주세요. 조절 장치는 다음 치료 회기에 자신이 기대하는 행동을 시각화하여 떠올릴 수 있도록 도와줍니다.

각각의 주의 집중 상태가 어떻게 보이고, 어떻게 들리는지 이야기해 보세요.

1. 진지하게, 적극적으로 참여하는

    보이는 것: _____

    들리는 것: _____

2. 차분하게 수업 중인

    보이는 것: _____

    들리는 것: _____

3. 소극적으로 수업에 참여하거나, 장난을 치는

    보이는 것: _____

    들리는 것: _____

4. 산만하고, 수업에서 벗어난

    보이는 것: _____

    들리는 것: _____

행동 조절 장치

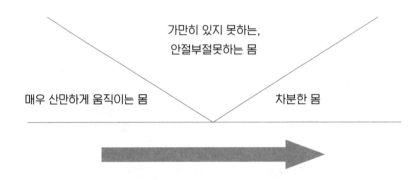

가만히 있지 못하는,
안절부절못하는 몸

매우 산만하게 움직이는 몸　　　　　　　　차분한 몸

🎲 아동이 자신의 행동을 인식할 수 있도록 화살표를 잘라 행동 조절 장치에 붙여 주세요. 조절 장치는 다음 치료 회기에 자신이 기대하는 행동을 시각화하여 떠올릴 수 있도록 도와줍니다.

🎲 각 행동 상태가 어떻게 보이고, 어떻게 들리는지 이야기해 보세요.

1. 차분한 몸

　　보이는 것: _____

　　나에게 미치는 영향: _____

　　다른 사람에게 미치는 영향: _____

2. 가만히 있지 못하는, 안절부절못하는 몸

　　보이는 것: _____

　　나에게 미치는 영향: _____

　　다른 사람에게 미치는 영향: _____

3. 매우 산만하게 움직이는 몸

　　보이는 것: _____

　　나에게 미치는 영향: _____

　　다른 사람에게 미치는 영향: _____

멈추고 생각하라

 충동적으로 행동했을 때가 언제인지 생각해 보세요(예: 부모나 친구에게 말할 때, 일을 끝냈을 때). 다음의 표에서 내가 충동적으로 행동했을 때와, 행동을 멈추고 생각했던 때의 결과가 어떤지 비교해 보세요.

행동 또는 상황: _____

	멈추고 생각했을 때	충동적으로 행동했을 때
무엇을 말할 건가요?		
나의 행동은 무엇인가요?		
무엇을 느끼나요?		
다른 사람은 어떻게 반응할까요?		

 완성하는 데 도움이 필요했던 과제를 떠올려 보세요. 그 과제를 여러 단계로 쪼개 보세요. 다음에 제시된 상자를 각각 한 단계로 보고, 각 단계에 맞게 짧은 설명을 적어 보세요. 한 단계를 끝내면 다음 단계에 집중할 수 있도록 각 상자에 표시를 하세요.

큰 과제를 여러 개의 작은 단계들로 나누어 생각하는 것이 가능한가요?

보통 무엇인가를 잊어버렸을 때 나는 무엇을 하나요? 그러면 어떤 결과가 뒤따르게 되나요?

단서 카드

 주의가 산만해지는 가장 큰 문제 상황(예: 수업 시작하기, 숙제 시작하기)을 아동과 함께 확인해 보세요. 다음의 카드에서 도움이 되는 정보나 '단서'를 사용하여 아동이 이 과제를 더 성공적으로 완수할 수 있도록 해 보세요. 아동은 이 도전 과제를 시작하기 전에 카드를 읽어 보거나, 주머니에 단서 카드를 넣어 보관할 수 있습니다.

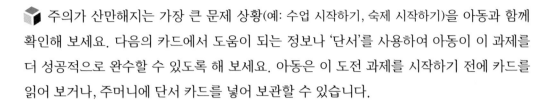

수업 시작하기

1. 스트레칭하거나 몸을 흔들고 자리에 앉는다.
2. 필요한 책과 펜을 꺼낸다.
3. 자리에 앉아 있는다.
4. 참여하기 전에 손을 든다.
5. 필요한 만큼 스트레칭을 하고 스트레스 공을 쥐어 짠다.
6. 조용한 장소를 상상하고 학습에 집중한다.

숙제 시작하기

1. 필요한 책과 펜/연필을 꺼내기 위해 책상을 차분하게 정리한다.
2. 필요하면 헤드폰을 착용한다.
3. 먼저 할 숙제를 고른다.
4. 매 15분마다 쉬기 위해 이동하거나, 음료를 마신다(필요하면 타이머를 설정한다).
5. 모든 과제를 끝냈는지 확실하게 하기 위해 숙제를 재검토한다.
6. 숙제를 가방에 넣는다.

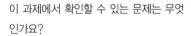

이 과제에서 확인할 수 있는 문제는 무엇인가요?

아동이 큰 과제를 작은 단계들로 나누어 수행하게 되면 과제를 완수할 수 있나요?

이 활동이 아동의 생각에 도움이 되나요?

이러한 활동 카드가 도움이 된다면, 아동과 함께 다른 일상생활도 체크해 보세요.

인지유연성 게임

주의집중력이 부족한 아동 및 청소년에게 주의 전환을 훈련하는 것은 어려운 과제일 수 있습니다. 인지유연성 활동을 통해 아동은 정확하게 듣고, 수행하고, 지시가 바뀌었을 때 유연하게 대처하는 것을 연습할 수 있습니다. 이 활동은 치료 회기 내에. 또는 집에서 과제로 수행할 수 있습니다. 부모님께는 두 개의 복사본이 필요할 것입니다.

첫 번째로, 부모님께서는 아동 및 청소년이 첫 번째 과제를 끝내는 데 걸린 시간을 기록합니다. 두 번째로는, 지시를 바꿀 것입니다. 아동 및 청소년은 자신의 생각을 더 유연하게 해야 합니다. 아동이 두 번째 과제를 끝내는 데 걸린 시간도 기록하세요. 과제가 끝난 후, 소요된 시간과 얼마나 정확하게 과제를 수행했는지를 검토해 보세요. 어떤 과제가 아동 및 청소년에게 더 쉬웠나요? 아동 및 청소년에게 다른 방법으로 과제를 수행하도록 했을 때, 아동은 어떤 기분일까요? 지시를 바꿨을 때, 아동 및 청소년이 사용한 다른 전략이 있나요?

첫 번째 라운드: 각각의 원 안에 원을 그리세요. 각각의 사각형 안에는 사각형을 그리세요. 각각의 삼각형 안에 삼각형을 그리고, 각각의 플러스 표시 안에 플러스 표시를 그립니다.

두 번째 라운드: 자, 이번에는 각각의 원 안에 사각형을 그리세요. 각각의 사각형 안에는 원을 그리세요. 플러스 표시 안에는 삼각형을 그리고, 삼각형 안에는 플러스 표시를 그립니다.

인지유연성 게임

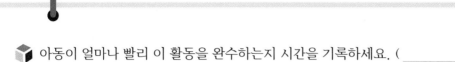 아동이 얼마나 빨리 이 활동을 완수하는지 시간을 기록하세요. (_____초)

진정해 빙고

'진정해 빙고' 활동은 '주의 집중'과 '주의 분산'이라는 두 가지 상태와 '에너지의 방출'을 연습할 수 있는 좋은 방법입니다. 아동 및 청소년은 집이나 학교에서 이러한 간단하고 즐거운 활동을 사용할 수 있습니다.

모자 안에는 'CALM DOWN'을 구성하는 8개의 알파벳 글자가 적힌 8개의 종이 쪽지가 들어 있습니다. 아동은 모자에서 두 개의 쪽지를 뽑습니다. 그런 다음 95페이지의 활동지를 이용해 두 개의 알파벳 글씨에 해당하는 과제를 수행하도록 합니다(예: A, D는 팔굽혀펴기 5번).

진정해 빙고

	C	A	L	M
D	팔을 앞으로 크게 돌리기 20번	팔굽혀펴기 5번	오른발로 껑충 뛰기 15번	팔 벌려 높이뛰기 10번
O	머리 어깨 무릎 발 5번	풍선을 불고 있는 것처럼 숨을 크게 들이마시기 5번	손을 허리에 올리고 20초 동안 몸을 꼬기	생일 초를 끄는 것처럼 숨을 내쉬기 5번
W	오른손을 위 아래로 흔들고 왼손을 왼쪽, 오른쪽으로 동시에 흔들기 5번	손을 머리에 올린 다음 발끝 만지기 10번	20초 동안 행진하기	팔을 뒤로 크게 돌리기 20번
N	숨을 깊게 쉬기 10번	벽을 마주보고 팔굽혀펴기 10번	팔을 작게 돌리기 20번	무릎 들어 올리기 20번

동물들의 휴식 운동

◆ 아동이 집중한 에너지를 분산시킬 수 있도록 '동물들의 휴식 운동'을 해 봅니다. 제시된 그림과 같이 조용하다가 커지고 다시 조용해지는 활동을 진행해 보세요. 이 동물들의 움직임을 비교해 보세요. 누가 가장 조용합니까? 누가 가장 큽니까? 어느 것이 아동과 가장 관련이 있나요? 아동에게 숨을 크게 세 번 들이쉬라고 내쉬면서 이 활동을 하도록 해 보세요.

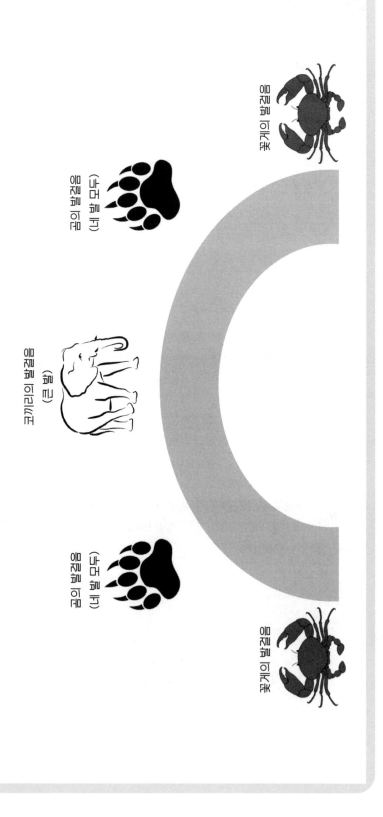

꽃게의 발걸음

곰의 발걸음
(네 발 모두)

코끼리의 발걸음
(큰 발)

곰의 발걸음
(네 발 모두)

꽃게의 발걸음

얼음땡 놀이

🎲 간단한 놀이는 아동이 신체 에너지를 분산하고, 다시 집중할 수 있도록 도울 수 있습니다.

빨간불, 초록불

아동이 방의 한 방향에서 다른 방향이나 복도로 움직이게 하세요. 초록불은 '이동'을 의미하고, 빨간불은 '정지'를 의미합니다.

상징

아동에게 조각상과 같은 자세를 취하라고 말해 보세요. 타이머를 이용해 자세를 잡는 데 얼마나 걸리는지 확인합니다.

흔들어!

노래를 틀고 아동이 춤을 추도록 합니다. 음악이 멈추면, 아동은 춤추는 것을 멈춰야 합니다. 이것을 반복하여 실시해 보세요.

건강한 접시

'건강한 접시' 활동은 99페이지의 접시 그림을 활용합니다. 건강한 식사, 균형 잡힌 식단과 건강하지 않은 음식에 대해 아동과 함께 이야기해 보세요. 그리고 아동이 잡지에서 건강한 음식의 사진을 자르거나, 직접 그려서 접시를 채워 보도록 합니다.

이 활동지를 복사하여 활동을 반복할 수 있습니다. 아동 및 청소년에게 건강한 행동과 태도를 확인하는 질문을 하고, 잡지에서 건강한 행동의 이미지를 자르거나 그려서 두 번째 접시를 채우도록 합니다. 몇몇 이미지나 그림은 수면, 운동, 건강한 관계 등을 포함할 수도 있습니다.

활동이 끝난 후에 아동(또는 부모님)과 함께 건강한 선택의 중요성과 그 선택들이 기분과 행동, 전반적인 행복에 어떤 영향을 미치는지 이야기해 보세요. 아동 및 청소년에게 건강한 것과 건강하지 않은 것을 찾는 것이 쉬운지 또는 어려운지 물어보세요. 아동 및 청소년이 건강한 것을 선택했을 때와 그렇지 않은 것을 선택했을 때, 그 선택에 따라 어떤 차이가 생기게 되는지 함께 이야기해 보세요.

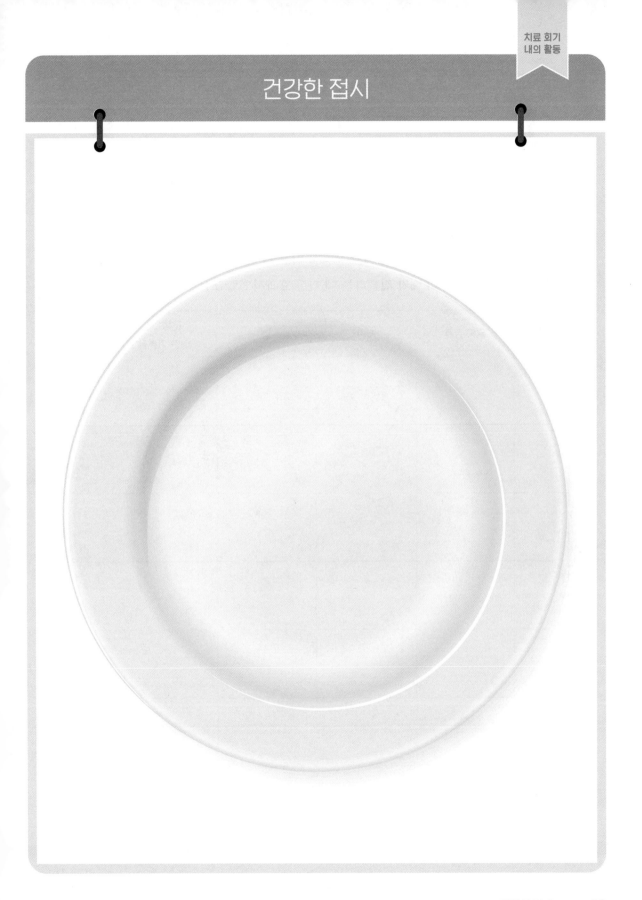

운동 일과

 일상적인 운동은 정신적 · 신체적 건강에 중요합니다. 어떤 유형의 운동을 즐겨 하나요? 나의 계획표에는 어떤 운동이 포함되어 있나요? 어떤 유형의 신체 활동을 할 수 있는지, 그 운동이 나의 일상 계획에 포함될 수 있는지 적어 보세요. 나의 운동을 기록하고, 운동을 하기 전, 운동을 하는 동안 그리고 운동을 하고 난 후의 기분이 어떻게 달라졌는지 기록해 보세요. 어떤 운동이 내가 집중하는 데 가장 효과적으로 도움을 주나요?

날짜	운동 종류	시간	양	운동 전, 중간, 후에 어떤 기분을 느끼나요?

취침 준비

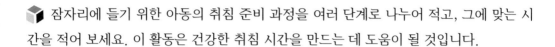 잠자리에 들기 위한 아동의 취침 준비 과정을 여러 단계로 나누어 적고, 그에 맞는 시간을 적어 보세요. 이 활동은 건강한 취침 시간을 만드는 데 도움이 될 것입니다.

예:

1. 목욕하기	6:45
2. 잠옷 입기	7:10
3. 머리 빗고 이 닦기	7:15
4. 침실로 가기	7:20
5. 책 읽기	7:25
6. 숨을 깊게 들이쉬기	7:40

현재의 취침 준비 단계는 적절한가요? 취침 준비를 하는 동안 아동과 부모님 사이의 유대 관계에 도움이 될 수 있는 추가적인 활동이 더 있나요?

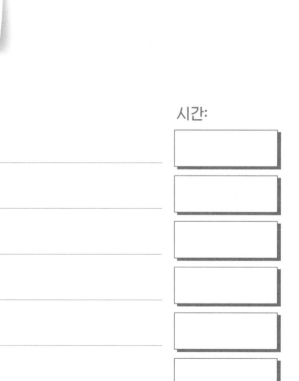

단계:

1.

2.

3.

4.

5.

6.

시간:

나의 충동 조절 전략

 하루 동안, 집중을 유지하고 충동을 조절하는 데 도움이 되었던 긍정적인 방법을 되돌아보세요.

1일	
2일	
3일	
4일	
5일	
6일	
7일	

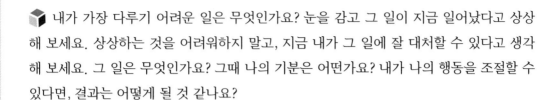 내가 가장 다루기 어려운 일은 무엇인가요? 눈을 감고 그 일이 지금 일어났다고 상상해 보세요. 상상하는 것을 어려워하지 말고, 지금 내가 그 일에 잘 대처할 수 있다고 생각해 보세요. 그 일은 무엇인가요? 그때 나의 기분은 어떤가요? 내가 나의 행동을 조절할 수 있다면, 결과는 어떻게 될 것 같나요?

나의 감정을 써 보세요

_____

_____

사건을 써 보세요

_____

_____

_____

_____

나의 생각을 써 보세요

_____

_____

예상되는 결과를 써 보세요

_____

_____

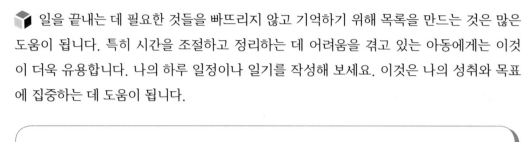 일을 끝내는 데 필요한 것들을 빠뜨리지 않고 기억하기 위해 목록을 만드는 것은 많은 도움이 됩니다. 특히 시간을 조절하고 정리하는 데 어려움을 겪고 있는 아동에게는 이것이 더욱 유용합니다. 나의 하루 일정이나 일기를 작성해 보세요. 이것은 나의 성취와 목표에 집중하는 데 도움이 됩니다.

나의 장기적인 목표: _____

_____

_____

_____

_____

_____

_____

_____

지금까지 내가 성취한 것: _____

_____

_____

_____

_____

_____

_____

_____

제 **3** 장

자폐 스펙트럼 장애

자폐 스펙트럼 장애 아동과 청소년은 사회적 기능, 언어, 상동 행동 등의 영역에서 경도에서 중증에 이르기까지 그 증상이 다양합니다. 이번 장에는 의사소통과 사회적 기능, 뇌 기반 접근의 감각 통합 활동이 포함되어 있습니다. 다양한 활동지, 게임, 차트 등으로 이루어진 활동들은 자폐스펙트럼 장애 아동이 상황에 적절하게 대처하도록 훈련하는 데 도움이 될 것입니다.

이 장의 인지 기술 활동은 자기소개, 변화를 수용하는 것, 일상생활에 영향을 미치는 감각의 민감함을 인식하는 것부터 시작합니다. 관계 증진 활동은 자폐 스펙트럼 장애 아동으로 하여금 여러 다양한 관점을 탐색하도록 하고, 감정을 표현하고, 의사소통 시 현재에 주의를 기울이도록 돕습니다. 능력 개발 활동은 자폐 스펙트럼 장애 아동이 불안을 일으키는 요인을 확인하고, 주의에 어떠한 영향을 미치는지 살펴보는 것과 문제 상황에서 사용할 수 있는 대처 기술을 연습하는 데 목표를 두고 있습니다. 마지막으로, 감각 통합 활동은 자폐 스펙트럼 아동의 개인적 감각 경험을 이해함으로써 감각 반응이 생각과 기능에 어떠한 영향을 미치는지 이해하고, 부적절한 반응을 감소시키는 대처 계획에 중점을 두고 있습니다.

종종 경직된 사고 패턴을 가지고 있는 자폐 스펙트럼 장애 아동 및 청소년과 활동을 할 때, 아동이 인내할 수 있도록 돕는 것이 중요합니다. 이는 자폐 스펙트럼 장애 아동이 사고 패턴의 변화를 받아들이면서 활동을 진행하는 것을 목표로 합니다. 어떤 기술을 습득하기 위해서는 지속적인 연습과 강화가 필요합니다. 이 장의 활동을 통해, 아동이 학습한 적응적인 행동이 치료 환경 밖에서도 적용될 수 있도록 하는 데 목표를 두고 있습니다.

자기소개하기

　사회성이 결핍된 아동에게 새로운 관계를 맺는 것은 어려울 수 있습니다. 사회적 신호에 대해 인지하지 못하거나, 이를 오해하는 것은 다른 사람과의 대화를 매우 힘들게 만들 수 있습니다. 이 활동은 사회적 각본을 이용해 아동이 새로운 사회적 환경에서 자신감을 쌓을 수 있도록 하는 데 유용합니다.

　사회적 각본은 아동 스스로 대화를 시작할 수 있도록 돕는 방법을 제공합니다. 아동이 활동지를 완성한 후, 작성한 내용을 부모님께 잘 전달할 수 있도록 연습하게 하세요. 아동이 작성한 내용을 어디에서, 누구에게 활용할 것인지 확인하는 것이 필요합니다. 추가적인 활동으로 다른 환경에서 수정된 사회적 각본을 시행해 볼 수 있습니다(예: 학교, 방과 후 활동, 친구들 등).

자기소개하기

내 이름은 _____ 입니다.

나는 _____ 살이고, 나는 특별하고 똑똑합니다.

나는 가끔 다른 사람들과 다르게 생각하고, 인내심이 있습니다.

나는 _____ 와 관련된 대화를 좋아합니다.

나는 _____ 을 잘합니다.

내가 가장 좋아하는 것은 _____ 을 하는 것입니다.

나는 _____ 을 배우는 것에 관심이 있습니다.

_____ 을 하는 것은 나에게 어려운 일입니다.

때로, 나는 _____ 에 의해 집중력이 떨어집니다.

나는 화가 났을 때, _____ 하는 경향이 있습니다.

나는 _____

_____ 할 때 가장 잘 배웁니다.

나는 _____ 를 돕고 싶습니다.

나는 _____ 의 일원이 되기를 기대합니다.

들어주셔서 감사합니다.

대화의 지도

때로는 다른 사람과 대화를 하는 것이 어려울 수 있습니다. 대화에는 많은 단계가 있습니다. 다음 지도를 이용해 각 대화의 단계를 통한 길을 찾아가 보세요. 내가 무엇을 말해야 하고, 어떻게 행동해야 하는지 적어 보세요. 마지막으로, 내가 그 단계를 떠올리는 데 도움을 주는 그림이나 상징을 그려 보세요.

단계	무엇을 말할 건가요?	어떤 행동을 해야 하나요?	상징
인사	"안녕"	손을 내밀고, 상대방과 눈맞춤을 하세요.	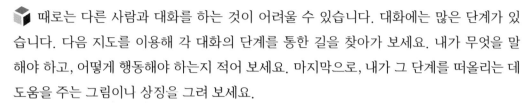
대화를 시작하기	"어떻게 지내세요?" "잘 지냈나요?"		
대화	번갈아 가며 주제에 대해 물어보세요. 중요한 정보를 간략하게 이야기해 보세요.		
작별	"안녕"이라고 말해 보세요.		

대화의 도구

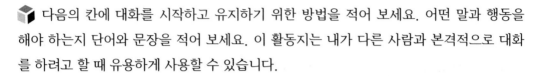 다음의 칸에 대화를 시작하고 유지하기 위한 방법을 적어 보세요. 어떤 말과 행동을 해야 하는지 단어와 문장을 적어 보세요. 이 활동지는 내가 다른 사람과 본격적으로 대화를 하려고 할 때 유용하게 사용할 수 있습니다.

인사하기	칭찬해 주기	다른 사람의 주목 얻기

질문하기	정확하게 답하기	작별 인사하기

유연한 생각 vs. 경직된 생각

우리는 환경 변화에 적응할 수 있을 때 유연한 생각을 하게 됩니다. 반면, 도전에 직면하거나 변화에 적응하지 못하면, 경직된 생각을 하게 됩니다. 다음의 칸 안에, 잘 구부러지는 것(예: 점토, 고리)과 잘 구부러지지 않는 것(예: 돌, 연필)의 목록을 적어 보세요. 그리고 유연한 생각과 경직된 생각을 하는 방법을 브레인스토밍해 보세요(유연한 생각을 하는 방법의 예: 화가 났을 때 누군가에게 나의 화난 감정을 얘기하기, 나와 생각이 다른 사람의 의견을 듣기/경직된 생각을 하는 방법의 예: 화가 났을 때 다른 사람에게 소리치기, 다른 사람의 의견을 듣지 않기).

잘 구부러지는 물체

잘 구부러지지 않는 물체

유연한 생각

경직된 생각

변화에 대비하기

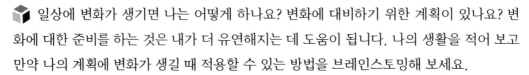 일상에 변화가 생기면 나는 어떻게 하나요? 변화에 대비하기 위한 계획이 있나요? 변화에 대한 준비를 하는 것은 내가 더 유연해지는 데 도움이 됩니다. 나의 생활을 적어 보고 만약 나의 계획에 변화가 생길 때 적용할 수 있는 방법을 브레인스토밍해 보세요.

일상	변화에 대비하기 위한 계획

변화를 수용하기

 변화는 우리 삶에서 계속 일어나고 있습니다. 일상은 때로 우리가 통제하지 못하는 변화에 의해 바뀔 수 있습니다. 변화가 일어날 때 대처하기 위한 계획을 세우는 것은 변화로 인한 스트레스를 감소하는 데 도움을 줍니다. 다음의 표에 생각을 적어 보세요. 그리고 나의 삶에서 일어난 변화를 기록해 보세요.

[변화 연습하기]

	사소한 변화 (예: 계획의 변화 -오늘 미술 수업이 없다)	중간 정도의 변화 (예: 새로운 선생님이 오셨다)	큰 변화 (예: 새로운 집으로 이사)
어떤 기분을 느끼나요?			
기분을 어떻게 조절할 수 있나요?			
무엇이 이 변화를 더 쉽게 받아들일 수 있게 하나요?			
이 변화를 받아들임으로써 생기는 긍정적인 점은 무엇인가요?			

[현실에서의 변화]

무엇이 변했나요?			
기분이 어떤가요?			
기분을 어떻게 조절할 수 있나요?			
무엇이 이 변화를 더 쉽게 받아들일 수 있게 하나요?			
이 변화를 받아들임으로써 생기는 긍정적인 점은 무엇인가요?			

감각 프로파일

 사람들은 자신의 감각에 각각 다른 민감성을 가지고 있습니다. 나의 민감성에 대해 아는 것은 중요하며, 나에게 주는 영향을 감소시킬 수 있는 여러 가지 방법을 생각해 볼 수 있습니다. 예를 들어, 큰 소리가 나를 괴롭힌다면 시끄러운 장소에서 이어폰을 이용할 수 있습니다. 다음의 칸에 나에게 스트레스를 일으키는 것을 쓰고, 어떤 장소에서 감각이 가장 많이 과부하 되는지, 그것을 어떻게 다루는 것이 좋을지 적어 보세요.

🎁 나를 불편하게 했던 감각 경험을 떠올려 보세요. 다음 그림의 왼쪽에는 나를 힘들게 했던 감각 경험에 대해 적어 보고, 오른쪽에는 그로 인해 받았던 영향이나 감정을 쓰세요. 그리고 나의 몸 어느 곳에서 그 감정을 경험했는지 표시해 보세요. 색깔, 모양, 이미지를 이용하여 나의 몸에서 감정을 어떻게 느끼는지 보여 주세요. 이러한 감각 경험을 마주하였을 때 불편함이 감소될 수 있는 방법을 함께 이야기해 보세요.

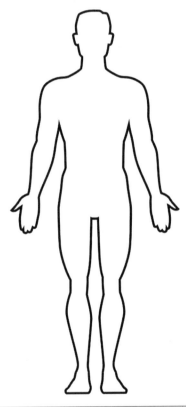

감각 경험	영향	나에게 미치는 영향을 줄이기 위해 무엇을 해야 할까요?

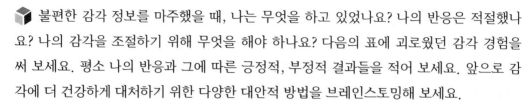

감각 탈출

📦 불편한 감각 정보를 마주했을 때, 나는 무엇을 하고 있었나요? 나의 반응은 적절했나요? 나의 감각을 조절하기 위해 무엇을 해야 하나요? 다음의 표에 괴로웠던 감각 경험을 써 보세요. 평소 나의 반응과 그에 따른 긍정적, 부정적 결과들을 적어 보세요. 앞으로 감각에 더 건강하게 대처하기 위한 다양한 대안적 방법을 브레인스토밍해 보세요.

감각 경험	전형적인 반응	대안적 접근
예: 일을 할 때 들리는 친구의 기침 소리 또는 소음	예: 친구에게 기침 소리를 멈추라고 말하고, 일에 집중하지 못한다.	예: 이어폰을 사용하거나, 친구에게 다른 곳에 가서 앉도록 부탁한다.

다른 사람의 관점 취하기: 조망 수용

 다음 빈칸에 최근에 친구들과 나눴던 대화에 대해 생각해 보고, 왼쪽의 말풍선에는 내가 했던 말을, 오른쪽 말풍선에는 나의 말을 듣고 친구들이 했던 말을 적어 보세요. 친절한 말, 도움이 될만한 말, 혹은 부정적인 말을 했나요? 이야기의 주제가 아닌 다른 이야기에 관심을 보였나요? 아니면 이야기 주제에 집중했나요? 친구들로부터 어떤 종류의 피드백을 받았나요?

내가 말한 것	친구들은 어떻게 생각할까요?

다른 측면 보기

🧊 우리의 말과 행동은 다차원적입니다. 말과 행동은 주변 사람들에게 긍정적 또는 부정적인 방법으로 영향을 줄 수 있습니다. 한 걸음 뒤로 물러나 내 행동을 살펴보는 것은 도움이 됩니다. 내가 다른 사람을 도와주거나, 다른 사람에게 소리 지르는 것이 주변에 어떤 영향을 미치는지 알 수 있나요? 다음의 표에 내가 했던 긍정적이거나 부정적인 행동을 적어보세요. 그리고 그 행동이 다른 사람에게 어떤 영향을 미쳤는지 생각해서 적어 보세요.

긍정적			부정적		
행동/말	다른 사람들은 그것을 어떻게 바라보나요?	다른 사람들은 어떻게 느끼나요?	행동/말	다른 사람들은 그것을 어떻게 바라보나요?	다른 사람들은 어떻게 느끼나요?

공통점 찾기

 좋은 대화는 공통의 관심사가 있을 때 가능합니다. 가족 구성원과 친구에게 무엇에 관심이 있는지 물어보세요. 그리고 사람들과 나의 관심사를 비교해 보세요. 어떤 공통점이 있나요? 만약 나와 관심사가 다르다면, 공통점을 찾기 위해 질문을 하고 다음에 적어 보세요.

[가족과의 인터뷰]

가족의 이름: _____

요즘 관심 있는 것은 무엇인가요? _____
_____
_____

우리는 어떤 공통점을 가지고 있나요? _____
_____
_____

추가적인 내용 _____
_____

[친구와의 인터뷰]

친구의 이름: _____

요즘 관심 있는 것은 무엇이니? _____
_____
_____

우리는 어떤 공통점을 가지고 있을까? _____
_____
_____

추가적인 내용 _____
_____

다양한 감정

감정 사전을 확장시키기 위해 참고 목록을 만들어 보세요. 다음의 감정 단어들을 살펴본 후, 각 감정을 느끼는 사람들이 어떻게 보이는지 원 안에 그려 보세요. 그리고 다음에 각 감정이 어떻게 보이고 느껴지는지 적어 보세요. 또는 인터넷이나 잡지에서 다양한 감정을 보여 주는 얼굴들을 찾아 붙여 보세요.

| 행복한 | 슬픈 | 걱정스러운 | 피곤한 | 흥미로운 |

| 화가 난 | 짜증 난 | 흥분된 | 바보 같은 | 스트레스 받은 |

감정 이해하기

원 안에 각기 다른 감정이 있습니다. 각각의 감정이 어떻게 보이고 들리는지 써 보세요. 사각형 안에는 나와 다른 사람들이 각각의 감정을 느꼈을 때를 생각해 보고 적어 보세요. 사진이나 잡지의 이미지를 활용할 수 있습니다.

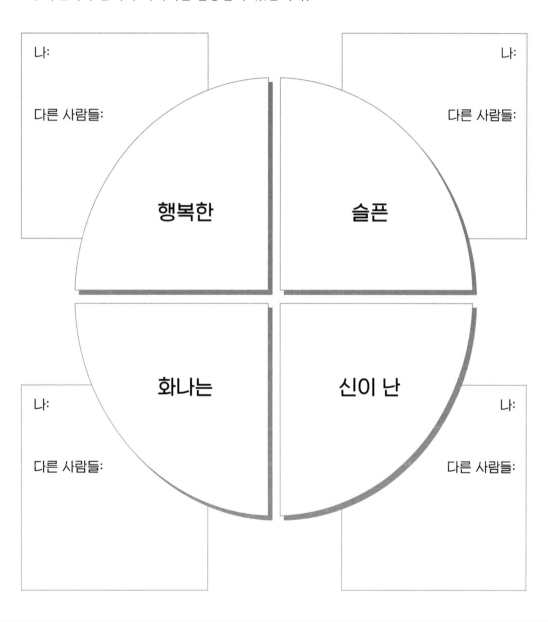

나:

다른 사람들:

행복한

나:

다른 사람들:

슬픈

나:

다른 사람들:

화나는

신이 난

나:

다른 사람들:

감정 온도계

[화가 난]

기분이 어떠니? _____

어떤 행동을 하고 있지? _____

나는 어떻게 보일까? _____

다른 사람들은 무엇을 할 수 있을까? _____

[예민한]

기분이 어떠니? _____

어떤 행동을 하고 있지? _____

나는 어떻게 보일까? _____

다른 사람들은 무엇을 할 수 있을까? _____

[신이 난]

기분이 어떠니? _____

어떤 행동을 하고 있지? _____

나는 어떻게 보일까? _____

다른 사람들은 무엇을 할 수 있을까? _____

[차분한]

기분이 어떠니? _____

어떤 행동을 하고 있지? _____

나는 어떻게 보일까? _____

다른 사람들은 무엇을 할 수 있을까? _____

마음챙김 의사소통

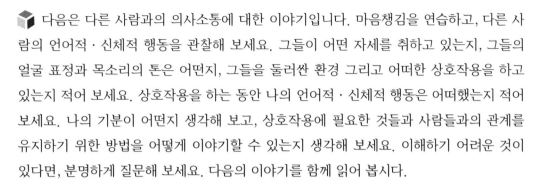

다음은 다른 사람과의 의사소통에 대한 이야기입니다. 마음챙김을 연습하고, 다른 사람의 언어적·신체적 행동을 관찰해 보세요. 그들이 어떤 자세를 취하고 있는지, 그들의 얼굴 표정과 목소리의 톤은 어떤지, 그들을 둘러싼 환경 그리고 어떠한 상호작용을 하고 있는지 적어 보세요. 상호작용을 하는 동안 나의 언어적·신체적 행동은 어떠했는지 적어 보세요. 나의 기분이 어떤지 생각해 보고, 상호작용에 필요한 것들과 사람들과의 관계를 유지하기 위한 방법을 어떻게 이야기할 수 있는지 생각해 보세요. 이해하기 어려운 것이 있다면, 분명하게 질문해 보세요. 다음의 이야기를 함께 읽어 봅시다.

> 승우는 학교에 도착해 교실로 가서 사물함에 물건을 넣고, 책상에 앉아 숙제를 했습니다. 그때 승우의 가장 친한 친구인 민하는 다른 친구들과 함께 교실에 들어왔습니다. 민하는 화가 나 있는 것 같았고, 운 것처럼 보였습니다. 얼굴에 항상 웃음이 있던 평소의 민하 같지 않았습니다. 갑자기 민하가 울기 시작했고, 소리를 지르며 교실에 있는 물건들을 집어 던졌습니다. 선생님은 민하를 진정시키는 데 어려움을 겪었습니다. 승우는 선생님께 민하를 돕겠다고 말했습니다. 승우의 도움으로 민하는 진정되었습니다. 진정된 민하는 엄마가 늦게 일어나 전날 밤 약속한 아침을 먹지 못했다고 말했습니다. 승우는 민하에게 간식을 같이 먹자고 제안했습니다. 민하는 진정된 듯 보였고, 미소를 지으며 승우가 간식을 나누어 준 것과 자신을 도와준 것을 고마워했습니다.

위의 글에서, 승우는 민하의 언어적, 비언어적 행동들을 알고 있었습니다. 승우는 민하가 화가 나 보인다는 것을 관찰하고, 민하의 기분을 더 나아지게 할 만할 것이 없는지 물어봤습니다. 승우는 민하의 기분을 알아차리고, 민하의 행동에 다른 대안을 제안했습니다. 아래의 질문들(간단한 "네" 또는 "아니요"로 대답하면 안됩니다)은 불편한 상황 속에서 상대방과 안전한 환경을 만들고 좋은 대화를 할 수 있도록 도울 수 있습니다.

1. 네 기분은 좀 어떠니?
2. 내가 어떻게 도와줄까?
3. 네 기분이 _____ 인 것 같아. 그러니?
4. 네가 _____ 라고 했는데, 맞니?
5. 이제 괜찮은 거지?
6. 네 기분이 _____ 인 것 같은데, 얘기하고 싶은 것이 있니?
7. 기분이 나아지도록 내가 어떻게 도와줄 수 있을까?
8. 너 괜찮니?

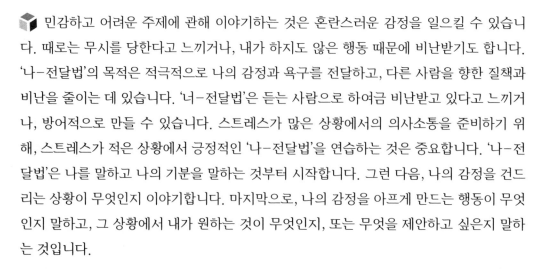

'나 – 전달법' 101

🎲 민감하고 어려운 주제에 관해 이야기하는 것은 혼란스러운 감정을 일으킬 수 있습니다. 때로는 무시를 당한다고 느끼거나, 내가 하지도 않은 행동 때문에 비난받기도 합니다. '나–전달법'의 목적은 적극적으로 나의 감정과 욕구를 전달하고, 다른 사람을 향한 질책과 비난을 줄이는 데 있습니다. '너–전달법'은 듣는 사람으로 하여금 비난받고 있다고 느끼거나, 방어적으로 만들 수 있습니다. 스트레스가 많은 상황에서의 의사소통을 준비하기 위해, 스트레스가 적은 상황에서 긍정적인 '나–전달법'을 연습하는 것은 중요합니다. '나–전달법'은 나를 말하고 나의 기분을 말하는 것부터 시작합니다. 그런 다음, 나의 감정을 건드리는 상황이 무엇인지 이야기합니다. 마지막으로, 나의 감정을 아프게 만드는 행동이 무엇인지 말하고, 그 상황에서 내가 원하는 것이 무엇인지, 또는 무엇을 제안하고 싶은지 말하는 것입니다.

[예]

"나는 선생님이 수업 시간에 나를 부를 때 화가 나고, 내 이름이 불리는 게 싫어요. 내 이름을 부르는 것은 나를 괴롭히는 것 같아요. 내가 손을 들 때만 나를 불러 주세요."

"나는 쉬는 시간에 네가 나랑 놀아주지 않아서 슬펐어. 왜냐하면, 나는 너랑 운동장에서 놀 거라고 기대하고 있었거든. 나는 네가 놀고 싶지 않을 때 나에게 알려주면 좋겠어."

"나는 엄마가 일하러 나가기 전 나한테 '안녕'이라고 말하지 않으면 걱정돼요. 왜냐하면 엄마가 나에게 화가 났다는 생각이 들기 때문이에요. 나는 엄마가 마치 아침에 나를 깨우는 것처럼 나가기 전에 항상 '안녕'이라고 말해주면 좋겠어요."

내 기분은 ＿＿＿＿＿＿＿＿ 하다.
＿＿＿＿＿＿＿＿ 할 때,
왜냐하면 ＿＿＿＿＿＿＿ 이기 때문이다.
내가 원하는 것은 ＿＿＿＿＿ 이다.
＿＿＿＿＿＿＿＿＿＿＿＿＿＿
＿＿＿＿＿＿＿＿＿＿＿＿＿＿
＿＿＿＿＿＿＿＿＿＿＿＿＿＿

최근에 선생님, 친구, 부모님이랑 있을 때 나의 생각과 감정을 얘기하고 싶었던 상황, 또는 곧 있을 그러한 상황을 생각해 보세요. 왼쪽의 빈칸에 효과적인 의사소통을 할 수 있는 긍정적인 방법을 써 보세요.

'나 – 전달법' vs. '너 – 전달법'

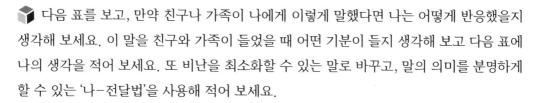 다음 표를 보고, 만약 친구나 가족이 나에게 이렇게 말했다면 나는 어떻게 반응했을지 생각해 보세요. 이 말을 친구와 가족이 들었을 때 어떤 기분이 들지 생각해 보고 다음 표에 나의 생각을 적어 보세요. 또 비난을 최소화할 수 있는 말로 바꾸고, 말의 의미를 분명하게 할 수 있는 '나–전달법'을 사용해 적어 보세요.

'너-전달법'	내 기분은 어떤가요? 다른 사람들의 기분은 어떨까요?	'나-전달법'
넌 내 말을 절대 듣지 않아.		
너는 나를 화나게 만들어.		
너는 왜 항상 나에게 소리치니?		
너는 못됐어.		
너는 절대 나를 첫 번째로 뽑지 않아.		
너는 나를 사랑하지 않아.		
너는 나를 싫어해.		
너는 항상 나에게 짓궂은 말을 해.		
너는 아무것도 할 수 없어.		
너는 왜 항상 나를 힘들게 하니?		
너는 왜 나를 괴롭히는 거야?		

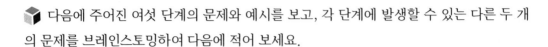
📦 다음에 주어진 여섯 단계의 문제와 예시를 보고, 각 단계에 발생할 수 있는 다른 두 개의 문제를 브레인스토밍하여 다음에 적어 보세요.

[긴급상황]

나는 반드시 어른의 도움이 필요하다.

- 건물에 불이 났다.
- 누군가 다쳤고 병원에 가야한다.
- _____
- _____

[아주 큰 문제]

많은 도움을 받아야 상황을 변화시킬 수 있다.

- 길을 잃었다.
- 내가 누군가를 때리거나 발로 찼다.
- _____
- _____

[큰 문제]

도움을 받아야 상황을 변화시킬 수 있다.

- 누군가 나에게 못되게 군다.
- 내가 수업에 잘 참여하지 못한다.
- _____
- _____

[중간 정도의 문제]

어느 정도 도움을 받아 상황을 변화시킬 수 있다.

- 내가 아프거나, 피곤하거나, 배가 고프다.
- 누군가 나를 괴롭힌다.
- _____
- _____

[사소한 문제]

작은 도움으로 상황을 변화시킬 수 있다.

- 내 뜻대로 되지 않는다.
- 게임에서 이기지 못했다.
- _____
- _____

[아주 사소한 문제]

나 스스로 문제를 해결할 수 있다.

- 내 방을 청소해야 한다.
- 숙제를 잊어버렸다.
- _____
- _____

기대 행동 vs. 기대 밖의 행동

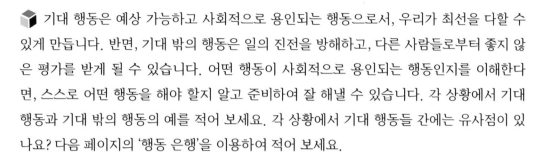 기대 행동은 예상 가능하고 사회적으로 용인되는 행동으로서, 우리가 최선을 다할 수 있게 만듭니다. 반면, 기대 밖의 행동은 일의 진전을 방해하고, 다른 사람들로부터 좋지 않은 평가를 받게 될 수 있습니다. 어떤 행동이 사회적으로 용인되는 행동인지를 이해한다면, 스스로 어떤 행동을 해야 할지 알고 준비하여 잘 해낼 수 있습니다. 각 상황에서 기대 행동과 기대 밖의 행동의 예를 적어 보세요. 각 상황에서 기대 행동들 간에는 유사점이 있나요? 다음 페이지의 '행동 은행'을 이용하여 적어 보세요.

[집]

기대 행동	기대 밖의 행동

[학교]

기대 행동	기대 밖의 행동

[우정]

기대 행동	기대 밖의 행동

[행동 은행]

친구에게 안녕이라고 말하기	반 친구를 밀기	선생님 말씀 듣기
교실에서 소리치기	할 일 끝내기	교대하기
다른 사람이 나에게 말하고 있을 때, 그 사람을 쳐다보기	배정된 자리에 앉기	나쁜 말 하기
규칙을 따르기	일 도와주기	나의 구역 청소하기
실수를 비웃기	나누기	손을 들기
바른 태도를 가지기	다른 사람이 말하고 있을 때, 귀를 가리기	다른 사람의 자리에 서 있기
복도를 걸어 다니기		

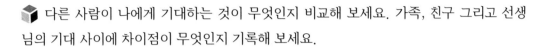

기대하는 것

🧊 다른 사람이 나에게 기대하는 것이 무엇인지 비교해 보세요. 가족, 친구 그리고 선생님의 기대 사이에 차이점이 무엇인지 기록해 보세요.

내가 기대하는 다른 사람들의 행동은 무엇인가요?

부모님	선생님	친구
(예: 내 말을 들어주기, 나를 좋아하기)	(예: 기다려 주기, 친절하게 설명해 주기)	(예: 놀이에 끼워 주기, 내가 가장 좋아하는 게임하기)

다른 사람들이 나에게서 기대하는 행동은 무엇인가요?

부모님	선생님	친구
(예: 규칙을 따르기, 심부름 도와주기)	(예: 규칙을 따르기, 수업 시간에 집중하기)	(예: 함께 게임하기, 대화하기)

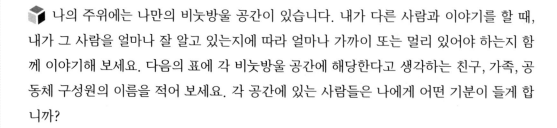

나만의 비눗방울 공간

📦 나의 주위에는 나만의 비눗방울 공간이 있습니다. 내가 다른 사람과 이야기를 할 때, 내가 그 사람을 얼마나 잘 알고 있는지에 따라 얼마나 가까이 또는 멀리 있어야 하는지 함께 이야기해 보세요. 다음의 표에 각 비눗방울 공간에 해당한다고 생각하는 친구, 가족, 공동체 구성원의 이름을 적어 보세요. 각 공간에 있는 사람들은 나에게 어떤 기분이 들게 합니까?

친밀한

가족, 가까운 친구들
손이 거의 닿을 수 있는

개인적인

내가 잘 아는 사람들
팔을 뻗친 거리만큼 떨어져 있는

사회적인

몇 발자국 떨어져 있는 내가 아주 잘
알고 있지는 않은 사람들

일반 사람들

네 발자국 이상 떨어진,
발표를 하거나, 한 그룹에서 이야기하는 사람들

목소리 조절하기

🔷 말할 때 목소리의 크기는 중요합니다. 만약 나의 목소리가 너무 크거나 작으면, 다른 사람들을 불편하게 만들 수 있기 때문입니다.

🔷 다음 표를 보세요. 각 상황에 맞는 목소리의 크기를 빈칸에 체크해 보세요.

상황	작은	보통	큰
교실에서 짝과 이야기할 때	☐	☐	☐
도서관에서 공부할 때	☐	☐	☐
스포츠 게임을 응원할 때	☐	☐	☐
집에서 놀 때	☐	☐	☐
놀이터에서 놀 때	☐	☐	☐
누군가 자고 있을 때	☐	☐	☐
핸드폰으로 통화할 때	☐	☐	☐
슈퍼마켓에서 물건을 살 때	☐	☐	☐
영화를 볼 때	☐	☐	☐
버스에 타고 있을 때	☐	☐	☐
점심시간에 이야기할 때	☐	☐	☐

🔷 앞의 목록에서 세 개의 상황을 골라 내가 왜 그 단계의 목소리 크기를 선택했는지 설명해 보세요.

1. 상황: _____
   이유: _____

2. 상황: _____
   이유: _____

3. 상황: _____
   이유: _____

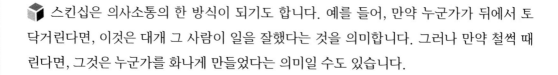

적절한 스킨십

🔲 스킨십은 의사소통의 한 방식이 되기도 합니다. 예를 들어, 만약 누군가가 뒤에서 토닥거린다면, 이것은 대개 그 사람이 일을 잘했다는 것을 의미합니다. 그러나 만약 철썩 때린다면, 그것은 누군가를 화나게 만들었다는 의미일 수도 있습니다.

🔲 다음 목록에 있는 스킨십의 예를 읽어 보세요. 각 유형의 스킨십이 적절한지 혹은 부적절한지 생각해 보세요. 만약 어떤 스킨십이 적절하다고 표시했다면, 그 스킨십을 누구에게 하고 싶은지 적어 보세요.

	적절한	부적절한	내가 누구한테 이 행동을 하고 싶은가요?
누군가와 하이파이브를 한다	☐	☐	
누군가에게 뛰어든다	☐	☐	
다른 사람의 몸을 세게 때린다	☐	☐	
누군가에게 팔짱을 낀다	☐	☐	
발로 찬다	☐	☐	
누군가를 살짝 건드린다	☐	☐	
손을 잡는다	☐	☐	

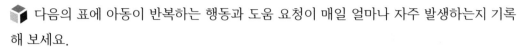

반복 행동 일기

 다음의 표에 아동이 반복하는 행동과 도움 요청이 매일 얼마나 자주 발생하는지 기록해 보세요.

시간 (예: AM 7:00~7:15)	행동 (예: 질문을 반복한다)	행동을 하는 이유 (예: 일어나지 않은 일에 대한 걱정)

반복 행동에 관한 정보

📦 다음의 질문은 반복 행동에 관련된 내용입니다. 이 활동지는 집에서 완성해도 됩니다. 이 활동은 아동의 반복 행동이 일어나는 상황들을 예측할 수 있도록 도와주며, 그때의 대처 행동을 계획하는 데 도움이 될 것입니다. 반복 행동 패턴과 계기, 도움이 되는 전략이 무엇인지 생각해 보세요.

반복 행동은
무엇인가요?

이런 행동을 일으키는
감정은 무엇인가요?
(예: 스트레스, 걱정,
두려움 등)

이런 행동으로부터 아동이
얻는 것은 무엇인가요?
어떻게 하면 이 행동을
누그러뜨릴 수 있나요?

동일한 편안함을 제공할
수 있는 대안적 행동이나
활동을 적어 보세요.

이런 행동을 멈추는
시점은 언제인가요?

다른 사람들은 이런
행동에 대해 어떻게
반응하나요?

반복 행동 패턴

'반복 행동 패턴' 활동은 아동 및 청소년의 행동 패턴에 관한 정보를 모으는 데 도움이 됩니다. 이러한 행동과 관련하여 공통된 주제나 감정이 무엇인지 확인해 보세요. 이것은 건강하지 못한 생각을 건강한 생각으로 재구성하는 데 필요합니다. 스트레스를 줄이는 데 도움이 되는 것이 무엇인지, 반복 행동의 결과로 다른 불쾌한 감정이 생겨나는 상황들은 언제인지 함께 이야기해 보세요.

치료 회기에서 아동 및 청소년에게 반복 행동을 소개하고, 반복 행동을 관찰할 수 있는 용어 (예: 어떤 모습이지?, 어떤 소리를 내지? 등)로 정의하도록 도와주세요. 아동이 이 활동을 하는 동안 자신의 반복 행동과 그 패턴을 확실하게 이해할 수 있도록 합니다. 이 활동은 집에서도 진행할 수 있습니다. 활동지는 다음 치료 회기에서 검토하며, 필요에 따라 이 활동을 자주 반복할 수 있습니다.

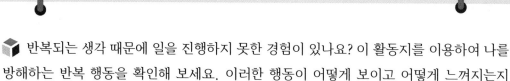
📦 반복되는 생각 때문에 일을 진행하지 못한 경험이 있나요? 이 활동지를 이용하여 나를 방해하는 반복 행동을 확인해 보세요. 이러한 행동이 어떻게 보이고 어떻게 느껴지는지 적어 보세요. 그리고 이러한 행동이 내 주변 사람들에게는 어떻게 보이고 어떤 감정이 들게 하는지 함께 이야기해 보세요.

나는 무엇을 반복적으로 하나요?

(예: 질문을 한다,
같은 말을 반복한다,
같은 생각을 계속한다,
어떤 감정에 갇혀 있다,
쿵쿵거린다, 왔다 갔다 한다)

어떤 감정이 느껴지나요?

(예: 분노, 슬픔, 공포,
두려움, 걱정)

내 몸의 어느 곳에서 이런 감정을 경험하나요?

(예: 배, 등, 목, 어깨,
얼굴, 손, 발)

다른 사람들은 나에게 어떻게 반응하나요?

(예: 내 질문에 답한다,
멈추라고 한다, 내 몸에 손을
댄다, 나를 안아준다, 나에게
소리친다, 나를 무시한다)

다른 사람들이 이런 행동에 대해 어떤 감정을 느끼나요?

(예: 걱정, 두려움, 분노,
행복, 실망, 공포, 짜증)

얼마 동안 그리고 얼마나 자주 이 행동을 하나요?

(예: 몇 분 동안,
몇 번 반복하나요?)

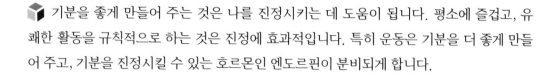

진정 목록

🧊 기분을 좋게 만들어 주는 것은 나를 진정시키는 데 도움이 됩니다. 평소에 즐겁고, 유쾌한 활동을 규칙적으로 하는 것은 진정에 효과적입니다. 특히 운동은 기분을 더 좋게 만들어 주고, 기분을 진정시킬 수 있는 호르몬인 엔도르핀이 분비되게 합니다.

🧊 내가 자발적으로 하는 활동을 체크하고, 생각나는 다른 활동이 있으면 다음 표에 적어 보세요.

☐ 킥보드 타기	☐ 달리기	☐ 스트레칭 하기	☐ 자전거 타기
☐ 친구와 통화하기	☐ 요가하기	☐ 수영하기	☐ 등산
☐ 밖에 나가서 구름 보기	☐ 등산하기	☐ 카약	☐ 농구하기
☐ 문자하기	☐ 집 밖에 나가기	☐ 목욕하기	☐ 반려동물과 놀기
☐ 볼링하기	☐ 친구 집에 방문하기	☐ 컴퓨터게임 하기	☐ 좋아하는 음식 먹기
☐ 재미있는 영화 보기	☐ 명상	☐ 책상 정리	☐ 신나게 춤추기
☐ 노래 부르기	☐ 책 읽기	☐ 트램펄린 뛰기	☐ 컬러북 칠하기
☐ 라디오 듣기	☐ TV 보기	☐ 방 청소하기	☐ 일기 쓰기
☐	☐	☐	☐

달리기 호흡

준비 운동과 휴식

준비운동(활동을 하기 전에)

1. 손가락을 시작 선에 놓는다. 1부터 6까지 셀 동안 숨을 깊게 들이마시면서, 손가락을 곡선을 따라 움직인다.

2. 손가락이 직선에 닿았을 때, 1부터 4까지 셀 동안 숨을 내쉰다.

3. 몸과 마음이 활동할 준비가 될 때까지 계속 트랙을 따라 숨을 쉰다.

휴식(활동을 한 후에)

1. 손가락을 시작 선에 놓는다. 1부터 4까지 셀 동안 숨을 깊게 들이마시면서, 손가락을 곡선을 따라 움직인다.

2. 손가락이 직선에 닿았을 때, 1부터 4까지 셀 동안 숨을 내쉰다.

3. 몸과 마음이 진정될 때까지 계속 트랙을 따라 숨을 쉰다.

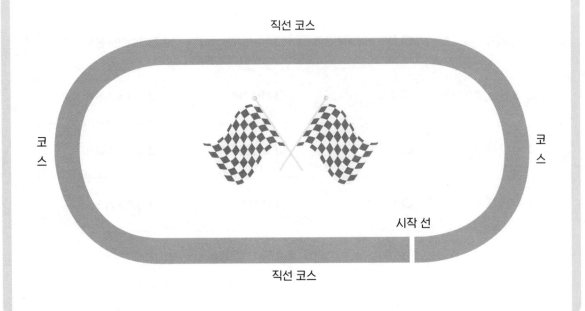

시각 호흡

다음의 육각형에 나를 진정시켜 주는 말이나 스스로를 진정시키는 데 도움이 될 이미지를 찾아 적어 보세요. 손가락을 이용해 육각형 모양을 따라가 보세요. 손가락을 시작점에 놓고, 숨을 깊게 들이쉬면서 여섯을 세어 보세요. 그리고 여섯에 숨을 내뱉으세요. 몸과 마음이 진정될 때까지 계속 따라가 보세요.

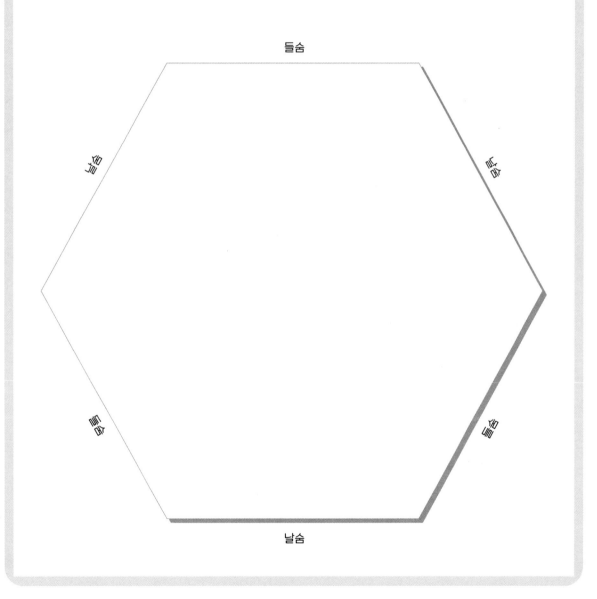

무엇을 도와드릴까요?

 다음의 문장을 큰 소리로 따라 읽어 보세요. 각 상황에서 내가 어떤 도움을 줄 수 있을지 브레인스토밍해 보세요. 나의 생각을 검토하고, 선택한 해결책을 사용하여 친구와 역할극을 해 보세요.

[상황 설정]

1. 아빠께서 저녁을 만들고 계십니다. 그리고 나는 식탁에 앉아 있습니다.
   아빠께서 "어질러진 식탁을 치우고, 가족들에게 저녁이 준비됐다고 말해라."라고 말씀하십니다.
   나는 이 상황에서 어떤 말을 하고, 어떤 도움을 드릴 수 있나요?
   _____
   _____
   _____

2. 행동 반영하기
   나의 말과 행동이 아빠께 도움이 되었습니까? **네 아니요**
   만약 '네'라고 답했다면, 어떻게 도움이 되었는지 설명해 보세요. _____
   만약 '아니요'라고 답했다면, 나는 어떻게 말하거나 행동해야 하나요? _____

[상황 설정]

1. 쉬는 시간에 선생님이 교실을 청소하고 계신 것을 보았습니다.
   선생님이 "할 것이 너무 많아!"라고 말씀하셨습니다.
   나는 이 상황에서 어떤 말을 하고, 어떤 도움을 드릴 수 있나요?
   _____
   _____
   _____

2. 행동 반영하기
   나의 말과 행동이 선생님께 도움이 되었습니까? **네 아니요**
   만약 '네'라고 답했다면, 어떻게 도움이 되었는지 설명하세요. _____
   만약 '아니요'라고 답했다면, 나는 어떻게 말하거나 행동해야 하나요? _____

[상황 설정]

1. 엄마와 마트에서 나와 집에 가려고 합니다.
   엄마가, "저기 담을 수 있는 가방들이 많이 있네."라고 말씀하셨습니다.
   이 상황에서 나는 어떤 말을 하고, 어떤 도움을 드릴 수 있나요?

   _____
   _____
   _____

2. 행동 반영하기
   나의 말과 행동이 엄마께 도움이 되었습니까? **네 아니요**
   만약 '네'라고 답했다면, 어떻게 도움이 되었는지 설명해 보세요. _____

   _____
   _____
   _____

   만약 '아니요'라고 답했다면, 나는 어떻게 말하거나 행동해야 하나요? _____

   _____
   _____
   _____

나의 선택

📦 다음의 빈 공간에 긴장하거나, 무섭거나, 화가 나거나, 두려운 감정을 느낄 때, 나에게 도움이 될 수 있는 방법들을 채워 넣으세요. 위쪽의 상자들에는 내가 사용할 수 있는 몇 가지의 아이디어가 제시되어 있습니다. 잘 보이는 곳에 이 카드를 두고, 마음을 진정하기 위해 다양한 방법을 시도해 볼 수 있습니다.

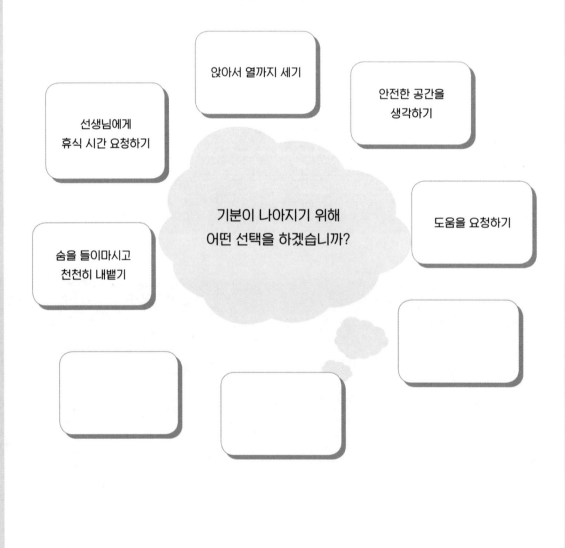

앉아서 열까지 세기

안전한 공간을 생각하기

선생님에게 휴식 시간 요청하기

기분이 나아지기 위해 어떤 선택을 하겠습니까?

도움을 요청하기

숨을 들이마시고 천천히 내뱉기

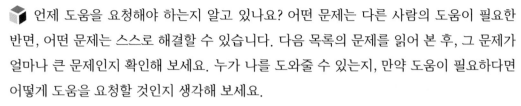 언제 도움을 요청해야 하는지 알고 있나요? 어떤 문제는 다른 사람의 도움이 필요한 반면, 어떤 문제는 스스로 해결할 수 있습니다. 다음 목록의 문제를 읽어 본 후, 그 문제가 얼마나 큰 문제인지 확인해 보세요. 누가 나를 도와줄 수 있는지, 만약 도움이 필요하다면 어떻게 도움을 요청할 것인지 생각해 보세요.

문제	얼마나 큰 문제인가요?	누가 나를 도와줄 수 있나요?	어떻게 도움을 요청해야 하나요?
라디오 소리가 너무 크다.			
집에 가다가 길을 잃어버렸다.			
수업 시간에 필요한 중요한 준비물을 잃어버렸다.			
자전거의 타이어가 펑크 났다.			
수업 중에 연필이 부러졌다.			
이웃집에 불이 났다.			

몸으로 말해요 게임

1. 다음의 감정 카드를 잘라서 접시에 두세요.
2. 감정 카드 하나를 고르세요.
3. 그 감정을 행동으로 표현해 보세요.
4. 내가 고른 카드에 있는 감정 단어를 이용해 문장을 완성하세요.

나는 ……할 때, _____ 감정을 느낀다.

용기가 남	혼란스러움	당황
자신감	우울	긴장
질투	외로움	실망
압도됨	죄책감	부끄러움

친구 찾기

대화를 시작하는 것은 어려울 수 있습니다. 하지만 대화를 시작할 때 사용할 수 있는 몇 가지 공통된 화제가 있습니다. 이 활동의 목표는 다른 사람과 대화하면서 공통점을 찾는 데 있습니다. 가족 구성원이나 친구와 이야기해 보세요. 나와 어떤 공통점을 가지고 있나요? 무엇이 다른가요? 그 주제에 관해 무엇을 더 알고 싶나요? 타인과 눈을 맞추고 이야기하며, 개인적인 공간을 존중해야 한다는 것을 기억하세요.

질문	나	친구(가족)
가장 좋아하는 책은 무엇입니까?		
가장 좋아하는 영화는 무엇입니까?		
반려동물을 좋아하나요?		
가장 좋아하는 음식은 무엇입니까?		
긴장을 완화시키는 방법 중 가장 좋아하는 것은 무엇입니까?		
학교에서 가장 좋아하는 과목은 무엇입니까?		

대화 주사위

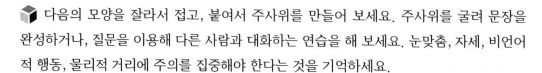 다음의 모양을 잘라서 접고, 붙여서 주사위를 만들어 보세요. 주사위를 굴려 문장을 완성하거나, 질문을 이용해 다른 사람과 대화하는 연습을 해 보세요. 눈맞춤, 자세, 비언어적 행동, 물리적 거리에 주의를 집중해야 한다는 것을 기억하세요.

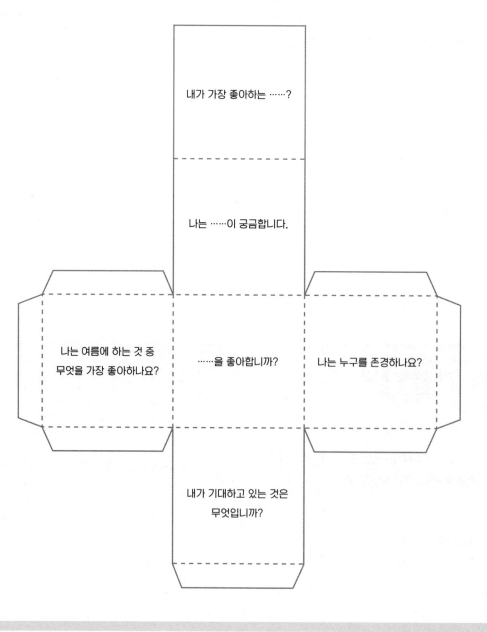

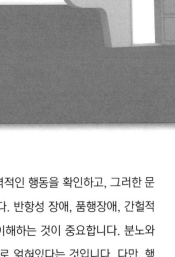

제4장

품행장애

이 장에서는 다른 사람에게 피해를 주는 아동 및 청소년의 공격적인 행동을 확인하고, 그러한 문제 행동을 개선하기 위한 다양한 접근을 살펴볼 수 있습니다. 반항성 장애, 품행장애, 간헐적 폭발성 행동장애를 포함한 다양한 파괴적 행동장애의 증상들을 이해하는 것이 중요합니다. 분노와 공격성의 공통된 특징은 생물학, 가족력, 환경적 요인이 복합적으로 얽혀있다는 것입니다. 다만, 행동장애별로 증상의 심각성과 영향을 미치는 정도는 다양할 수 있습니다. 파괴적 행동장애의 경우, 어떻게 그 증상이 진행되는지 살펴보는 것은 중요합니다. 예를 들어, 만약 반항성 장애 초기에 문제 행동이 확인된다면, 품행장애로 발전할 가능성을 낮출 수 있습니다. 간헐적 폭발성 행동장애의 과정은 다른 장애들과 차이를 보이지만, 만약 증상에 대한 치료가 개입되지 않는다면 심각한 결과를 초래할 수 있습니다.

현재 품행장애의 치료는 긍정적이고 친사회적인 생각, 감정, 행동 및 관계를 향상시킴으로써 부정적인 행동을 감소시키는 데 초점이 맞춰져 있습니다. 이번 장에서는 아동이 다른 사람의 감정 상태와 의도를 읽는 정확성을 향상시키고, 이를 추론할 수 있도록 돕는 특정 기술들을 가르치는 것을 다룹니다. 이러한 기술들은 아동이 사회적 장면에 따라 적절한 정도의 감정을 인식하도록 변화시키며, 사회적 상황을 직면할 때, 정서적으로 적절하게 반응할 수 있는 변화를 가져옵니다. 따라서 제시된 활동들은 문제를 다루는 긍정적인 방안들을 최대한 활용하도록, 그리고 아동이 친사회적 행동에 적극적으로 참여할 수 있도록 돕기 위해 고안되었습니다. 목표는 아동으로 하여금 자신의 생각과 감정에 휘둘리는 것이 아니라, 자신의 정서 경험과 표현을 평가하고 변화시키도록 하는 데 있습니다.

이 장의 활동은 분노, 성마름, 공격성을 나타내는 다른 장애를 가진 아동과 청소년에게도 유용할 것입니다.

나의 분노 알기

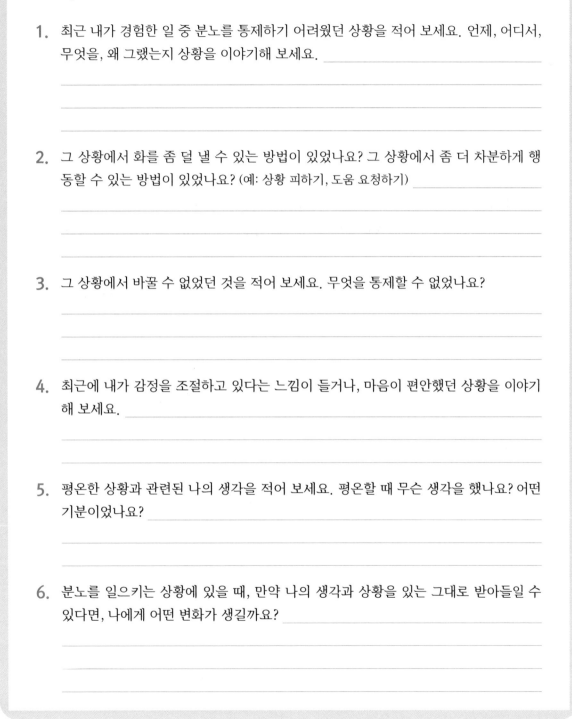

1. 최근 내가 경험한 일 중 분노를 통제하기 어려웠던 상황을 적어 보세요. 언제, 어디서, 무엇을, 왜 그랬는지 상황을 이야기해 보세요. _____

   _____

   _____

2. 그 상황에서 화를 좀 덜 낼 수 있는 방법이 있었나요? 그 상황에서 좀 더 차분하게 행동할 수 있는 방법이 있었나요? (예: 상황 피하기, 도움 요청하기) _____

   _____

   _____

3. 그 상황에서 바꿀 수 없었던 것을 적어 보세요. 무엇을 통제할 수 없었나요?

   _____

   _____

4. 최근에 내가 감정을 조절하고 있다는 느낌이 들거나, 마음이 편안했던 상황을 이야기해 보세요. _____

   _____

   _____

5. 평온한 상황과 관련된 나의 생각을 적어 보세요. 평온할 때 무슨 생각을 했나요? 어떤 기분이었나요? _____

   _____

   _____

6. 분노를 일으키는 상황에 있을 때, 만약 나의 생각과 상황을 있는 그대로 받아들일 수 있다면, 나에게 어떤 변화가 생길까요? _____

   _____

   _____

분노의 산 다루기

🔹 나를 화나게 만드는 다섯 가지의 상황을 확인해 보세요. 나를 짜증나게 만드는 상황(강도 1)에서부터 나를 폭발하게 만드는 상황(강도 5)까지 찾아보세요. 각각의 상황 속에서 나의 몸이 어떻게 느끼는지 확인해 보세요. 나를 진정시킬 수 있는 방법을 적고, 나의 생각과 감정을 변화시켜 보세요.

강도	문제 상황	몸의 느낌	진정시키는 방법
1			
2			
3			
4			
5			

분노 일기

🧊 감정을 기록하는 것은 감정이 일어난 상황들과 감정에 따라 내가 어떻게 반응하는지를 이해하는 데 좋은 방법입니다. 한 주 동안의 나의 분노를 따라가 보세요. 어떤 패턴이 있었나요? 나의 감정과 행동은 적절했나요? 다시 회복하는 데는 얼마나 걸렸나요?

날짜: _____ **시간:** _____

상황	
행동	
감정	
결과	
회복하는 데 걸린 시간	

날짜: _____ **시간:** _____

상황	
행동	
감정	
결과	
회복하는 데 걸린 시간	

날짜: _____ **시간:** _____

상황	
행동	
감정	
결과	
회복하는 데 걸린 시간	

날짜: _____ **시간:** _____

상황	
행동	
감정	
결과	
회복하는 데 걸린 시간	

행동화 추적하기

다음 활동에서는 매우 비슷해 보이는 두 장의 활동지가 포함되어 있습니다. 첫 번째는 아동 및 청소년이 완성해야 하고, 두 번째는 부모님이 완성해야 합니다. 활동지는 필요에 따라 복사해서 사용할 수 있으며, 활동지를 집에 가져가 행동화를 관찰하고 추적하도록 할 수 있습니다.

다음 치료 회기에는 완성된 활동지들을 검토하는 시간을 갖습니다. 아동의 활동지와 부모님의 활동지 사이에 일치하지 않는 부분에 관해 이야기를 나누고, 아동과 부모님이 행동화(acting out) 패턴을 발견할 수 있도록 격려합니다. 행동화가 어떤 기분이나 상태, 환경적 단서 혹은 하루 중 특정 시간대에 의해 일어나는 것은 아닌지 관찰합니다. 행동화에 선행하는 언어적 또는 비언어적 단서들이 있는지 눈여겨보는 것이 필요합니다.

그런 다음, 세 번째 활동지로 넘어가서, 앞서 확인한 단서들이나 감정 상태들을 해당 칸에 기록합니다. 또 옆 칸에는 어떻게 하면 행동화가 일어나지 않도록 할 수 있는지를 기록합니다. 여기에는 행동화가 일어나지 않도록 하기 위해 아동이 할 수 있는 행동과 부모님이 할 수 있는 행동이 모두 포함됩니다. 활동지 작성이 끝나면, 이것을 집으로 가져가 아동과 부모님이 함께 검토해 보도록 합니다.

이 활동은 필요에 따라 반복해서 시행할 수 있습니다. 아동의 문제 행동이 개선되는지 살펴보고, 가장 효과적인 전략들을 확인하는 것이 중요합니다.

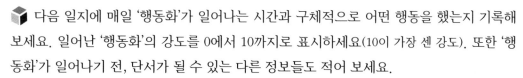

행동화 추적하기(아동용)

📦 다음 일지에 매일 '행동화'가 일어나는 시간과 구체적으로 어떤 행동을 했는지 기록해 보세요. 일어난 '행동화'의 강도를 0에서 10까지로 표시하세요(10이 가장 센 강도). 또한 '행동화'가 일어나기 전, 단서가 될 수 있는 다른 정보들도 적어 보세요.

시간	강도의 정도	나는 어떤 행동을 했나요?	기타
오전 7:30	7	엄마가 빵 대신 밥을 먹으라고 해서 소리를 질렀다.	알람이 울려도 일어나지 않았는데, 엄마가 준비하라고 재촉해서 화가 났다.

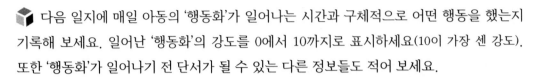

행동화 추적하기(부모용)

 다음 일지에 매일 아동의 '행동화'가 일어나는 시간과 구체적으로 어떤 행동을 했는지 기록해 보세요. 일어난 '행동화'의 강도를 0에서 10까지로 표시하세요(10이 가장 센 강도). 또한 '행동화'가 일어나기 전 단서가 될 수 있는 다른 정보들도 적어 보세요.

시간	강도의 정도	아동이 어떤 행동을 했나요?	기타
오전 7:30	7	아침 식사로 아이에게 다른 음식을 줬더니 아이가 나에게 소리를 질렀다.	아침에 아이가 침대에서 일어나지 않아서 짜증이 났다.

행동화 방지 전략 세우기

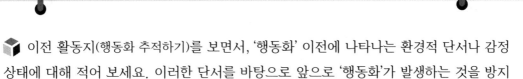

이전 활동지(행동화 추적하기)를 보면서, '행동화' 이전에 나타나는 환경적 단서나 감정 상태에 대해 적어 보세요. 이러한 단서를 바탕으로 앞으로 '행동화'가 발생하는 것을 방지하기 위해서 아동 및 청소년과 부모님이 어떤 행동을 취해야 하는지 적어 보세요.

'행동화' 이전의 단서나 기분 상태	'행동화'를 방지할 수 있는 행동

과거로 돌아가기

괴로웠던 순간을 기록하고, 그것을 확인할 수 있는 감정이나 행동을 적어 보세요.

과거로 돌아가, 괴로운 감정에 이르게 되었던 사건을 적어 보세요.

1. _____

2. _____

3. _____

4. _____

5. _____

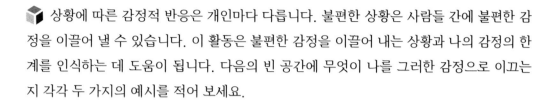

감정의 한계 인식하기

상황에 따른 감정적 반응은 개인마다 다릅니다. 불편한 상황은 사람들 간에 불편한 감정을 이끌어 낼 수 있습니다. 이 활동은 불편한 감정을 이끌어 내는 상황과 나의 감정의 한계를 인식하는 데 도움이 됩니다. 다음의 빈 공간에 무엇이 나를 그러한 감정으로 이끄는지 각각 두 가지의 예시를 적어 보세요.

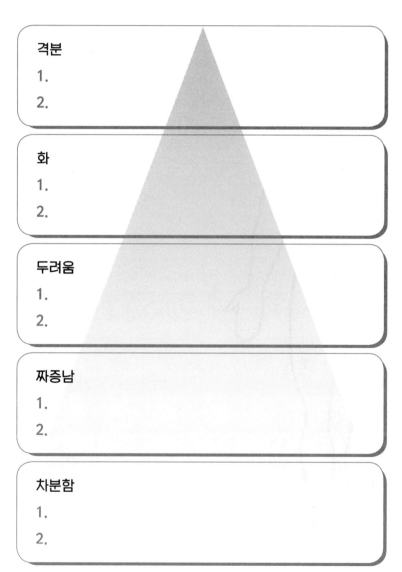

격분

1.

2.

화

1.

2.

두려움

1.

2.

짜증남

1.

2.

차분함

1.

2.

몸의 반응

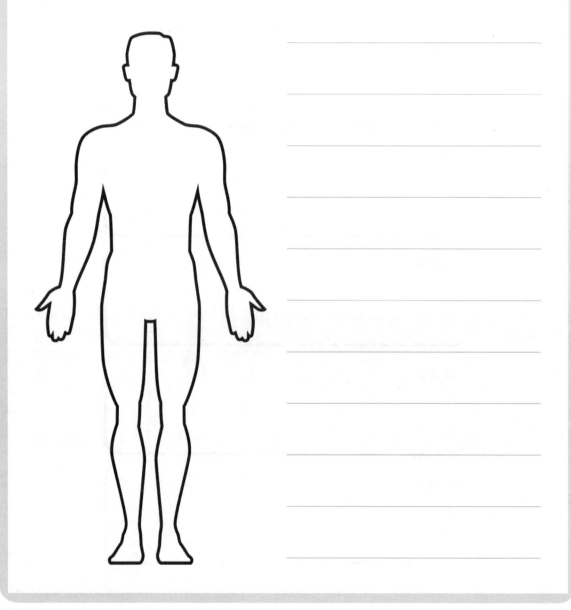

📦 분노의 감정은 사람마다 다른 방식으로 나타납니다. 짜증이 나거나 분노한 상황에 있었던 때를 생각해 보세요. 나의 몸은 어떻게 반응했나요? 나의 감정을 묘사하는 몇 개의 단어를 적어 보세요. 그리고 나의 감정이 몸의 어느 곳에서 나타났는지 보여줄 수 있도록 색깔을 칠하거나 그림을 그려 보세요.

나의 느낌 전달하기

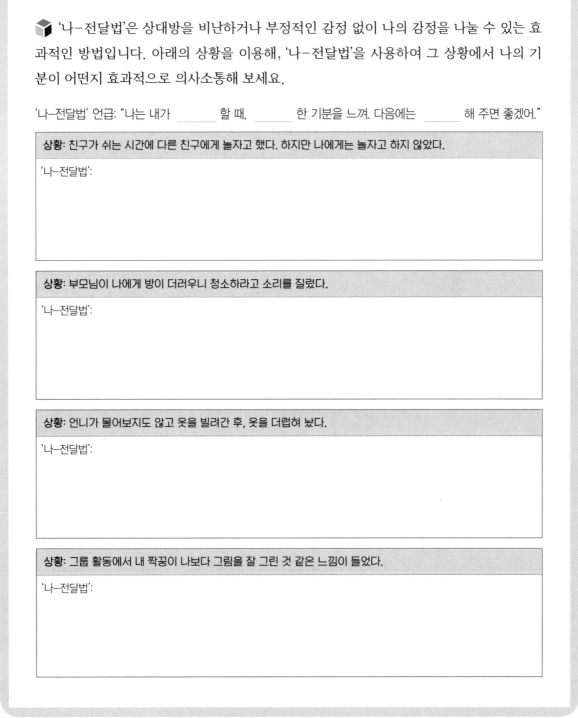

'나-전달법'은 상대방을 비난하거나 부정적인 감정 없이 나의 감정을 나눌 수 있는 효과적인 방법입니다. 아래의 상황을 이용해, '나-전달법'을 사용하여 그 상황에서 나의 기분이 어떤지 효과적으로 의사소통해 보세요.

'나-전달법' 언급: "나는 내가 _____ 할 때, _____ 한 기분을 느껴. 다음에는 _____ 해 주면 좋겠어."

상황: 친구가 쉬는 시간에 다른 친구에게 놀자고 했다. 하지만 나에게는 놀자고 하지 않았다.

'나-전달법':

상황: 부모님이 나에게 방이 더러우니 청소하라고 소리를 질렀다.

'나-전달법':

상황: 언니가 물어보지도 않고 옷을 빌려간 후, 옷을 더럽혀 놨다.

'나-전달법':

상황: 그룹 활동에서 내 짝꿍이 나보다 그림을 잘 그린 것 같은 느낌이 들었다.

'나-전달법':

내가 했던 말 살펴보기

📦 말은 상대방에게 상처를 줄 수도 있고, 상황을 악화시킬 수도 있습니다. 좋은 말과 나쁜 말에는 어떠한 차이가 있는지 이해하는 것은 중요합니다. 화가 났던 상황으로 돌아가 내가 사용했던 나쁜 단어를 생각해 보고, 맨 위의 상자에 그때의 상황을 적어 보세요. 다음에 내가 사용한 나쁜 단어를 적어 보세요. 그런 다음, 옆의 상자에는 친절한 단어를 적어 보세요. 맨 아래 상자에는 문제를 해결할 수 있는 말을 적어 보세요.

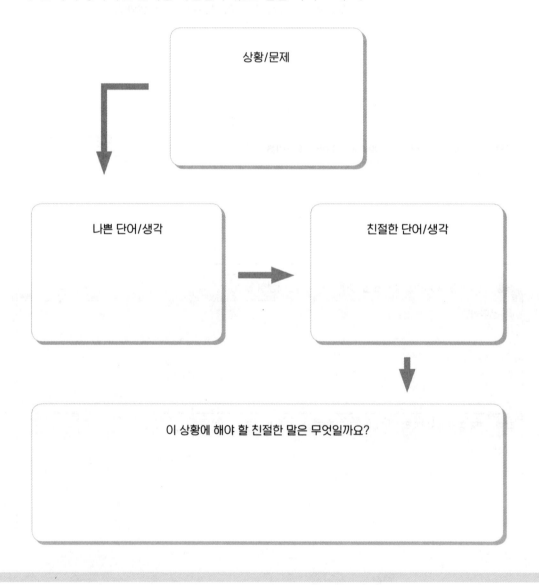

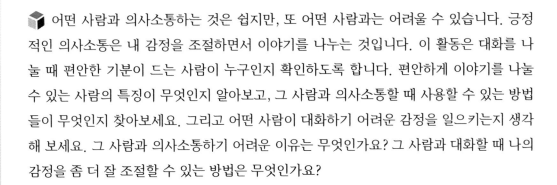 어떤 사람과 의사소통하는 것은 쉽지만, 또 어떤 사람과는 어려울 수 있습니다. 긍정적인 의사소통은 내 감정을 조절하면서 이야기를 나누는 것입니다. 이 활동은 대화를 나눌 때 편안한 기분이 드는 사람이 누구인지 확인하도록 합니다. 편안하게 이야기를 나눌 수 있는 사람의 특징이 무엇인지 알아보고, 그 사람과 의사소통할 때 사용할 수 있는 방법들이 무엇인지 찾아보세요. 그리고 어떤 사람이 대화하기 어려운 감정을 일으키는지 생각해 보세요. 그 사람과 의사소통하기 어려운 이유는 무엇인가요? 그 사람과 대화할 때 나의 감정을 좀 더 잘 조절할 수 있는 방법은 무엇인가요?

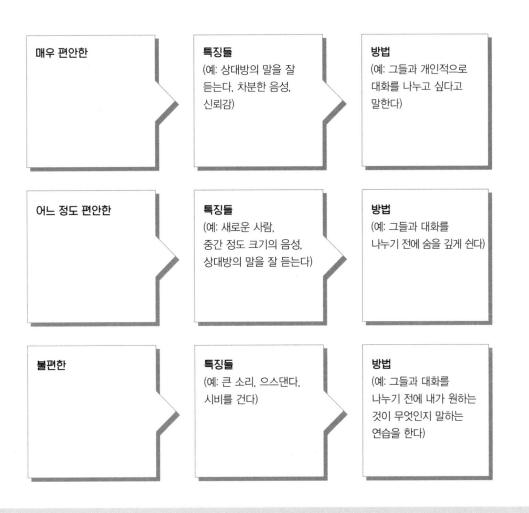

매우 편안한	특징들 (예: 상대방의 말을 잘 듣는다, 차분한 음성, 신뢰감)	방법 (예: 그들과 개인적으로 대화를 나누고 싶다고 말한다)
어느 정도 편안한	특징들 (예: 새로운 사람, 중간 정도 크기의 음성, 상대방의 말을 잘 듣는다)	방법 (예: 그들과 대화를 나누기 전에 숨을 깊게 쉰다)
불편한	특징들 (예: 큰 소리, 으스댄다, 시비를 건다)	방법 (예: 그들과 대화를 나누기 전에 내가 원하는 것이 무엇인지 말하는 연습을 한다)

가족 규칙 이해하기

 모든 가족들은 서로 다른 가치와 고유한 규칙을 가지고 있습니다. 다음의 빈칸에 나와 함께 살고 있는 가족 구성원의 이름을 적어 보세요. 우리 가족에게는 어떤 중요한 가치들이 있나요? 우리 가족이 가지고 있는 규칙들은 무엇입니까? 만약 누군가 규칙을 깨면 어떤 결과가 따라오나요? 마지막 상자에는 불공평하다고 생각되거나 지키기 어려워 보이는 규칙을 적어 보세요.

가족 구성원들

가족의 가치

가족의 규칙

결과

내가 가장 따르기 어려운 규칙은 무엇인가요?
만약 바꿀 수 있다면, 어떤 규칙을 바꾸고 싶나요?

가족, 친구들 그리고 나

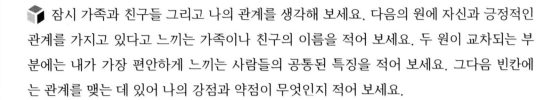 잠시 가족과 친구들 그리고 나의 관계를 생각해 보세요. 다음의 원에 자신과 긍정적인 관계를 가지고 있다고 느끼는 가족이나 친구의 이름을 적어 보세요. 두 원이 교차되는 부분에는 내가 가장 편안하게 느끼는 사람들의 공통된 특징을 적어 보세요. 그다음 빈칸에는 관계를 맺는 데 있어 나의 강점과 약점이 무엇인지 적어 보세요.

가족

친구

관계를 맺는 데 있어 나의 강점

관계를 맺는 데 있어 나의 약점

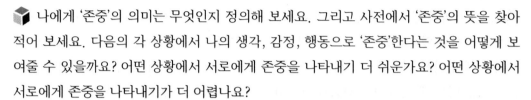

나와 다른 사람을 존중하기

📦 나에게 '존중'의 의미는 무엇인지 정의해 보세요. 그리고 사전에서 '존중'의 뜻을 찾아 적어 보세요. 다음의 각 상황에서 나의 생각, 감정, 행동으로 '존중'한다는 것을 어떻게 보여줄 수 있을까요? 어떤 상황에서 서로에게 존중을 나타내기 더 쉬운가요? 어떤 상황에서 서로에게 존중을 나타내기가 더 어렵나요?

나에게 존중의 의미란 무엇인가요?:
사전에서 존중의 정의는 무엇인가요?:

	집에서	학교에서	공동체에서
생각			
감정/기분			
행동			

친사회적 행동

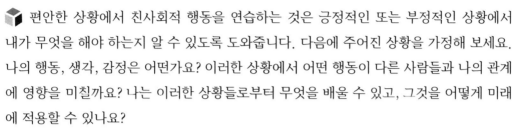 편안한 상황에서 친사회적 행동을 연습하는 것은 긍정적인 또는 부정적인 상황에서 내가 무엇을 해야 하는지 알 수 있도록 도와줍니다. 다음에 주어진 상황을 가정해 보세요. 나의 행동, 생각, 감정은 어떤가요? 이러한 상황에서 어떤 행동이 다른 사람들과 나의 관계에 영향을 미칠까요? 나는 이러한 상황들로부터 무엇을 배울 수 있고, 그것을 어떻게 미래에 적용할 수 있나요?

	행동	생각	감정	다른 사람에게 미치는 영향
차례를 요청하기				
친구에게 좋은 말을 하기				
이웃을 도와주기				
친구 또는 가족과 논쟁하기				
상황을 만들어 보세요				
상황을 만들어 보세요				

도움 행동

 아동과 도움 행동에 대해 함께 이야기해 보세요. 아동이 다른 사람을 도울 수 있도록 도와주세요. 또한 도움 행동이 무엇인지 확인할 수 있는 질문을 해 보세요. 아동이 활동지를 완성하면, 도움을 줘야 할 사람 세 명을 정해, 각 사람에게 어떤 도움을 줄 수 있는지 확인해 보세요. 이러한 행동을 하면 각자에게 예상되는 결과가 무엇인지 함께 이야기하고, 빈칸에 적어 보도록 합니다. 이러한 도움 행동을 실행에 옮길 기한을 정한 후, 행동을 실천해 볼 수 있도록 격려해 주세요.

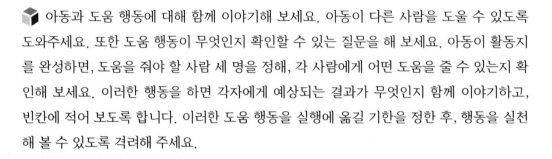

#1

사람:

도움 행동:

예상되는 결과:

#2

사람:

도움 행동:

예상되는 결과:

#3

사람:

도움 행동:

예상되는 결과:

도움이 되는 나

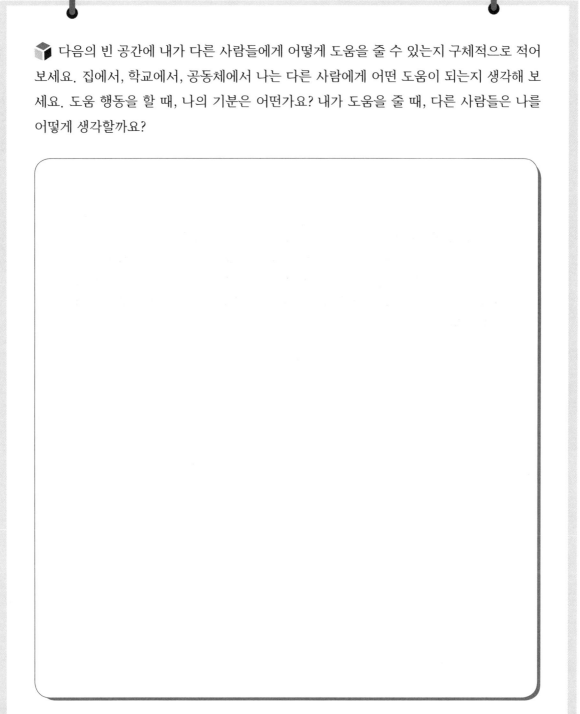

📦 다음의 빈 공간에 내가 다른 사람들에게 어떻게 도움을 줄 수 있는지 구체적으로 적어보세요. 집에서, 학교에서, 공동체에서 나는 다른 사람에게 어떤 도움이 되는지 생각해 보세요. 도움 행동을 할 때, 나의 기분은 어떤가요? 내가 도움을 줄 때, 다른 사람들은 나를 어떻게 생각할까요?

시간 순서에 따라 행동 배열하기

  다음의 세 가지 활동들은 합쳐서 하나의 큰 활동이 되도록 구성되었습니다. 다음 활동은 아동 및 청소년이 자신의 행동, 생각 또는 감정을 통제할 수 없는 순간을 인식할 수 있도록 도와줍니다. 아동은 시간의 순서에 따라 행동 배열하기, 촉발요인 인식하기 그리고 긍정적으로 문제 재구성하기를 다루게 될 것입니다. 활동은 한 회기에 진행되거나, 여러 회기에 걸쳐 진행될 수 있습니다.

시간 순서에 따라 행동 배열하기: 1부

📦 감정이나 행동이 자제력을 잃는 상황을 생각해 보세요. 다음의 표에 그 상황을 마치 만화 이야기 형식처럼 처음부터 끝까지 설명해 보세요. 상황 전, 상황 도중, 상황 후의 감정이나 행동을 사진이나 단어를 이용해 묘사해 보세요.

예:

문제	전	도중	후
수업 시간에 친구와 장난을 치다 선생님께 걸렸다.	친구는 내가 자신을 괴롭혔다고 말했다.	나는 화가 났고, 내 얼굴은 빨개졌으며, 심장이 빠르게 뛰었다. 친구와 치고받고 싸우기 시작했다.	선생님이 나에게 교실에서 나가 밖에 서 있으라고 했다. 나는 화가 나서 선생님께 소리를 질렀다.

문제	전	도중	후

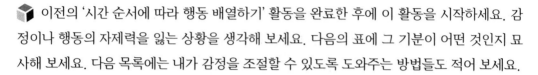

🎁 이전의 '시간 순서에 따라 행동 배열하기' 활동을 완료한 후에 이 활동을 시작하세요. 감정이나 행동의 자제력을 잃는 상황을 생각해 보세요. 다음의 표에 그 기분이 어떤 것인지 묘사해 보세요. 다음 목록에는 내가 감정을 조절할 수 있도록 도와주는 방법들도 적어 보세요.

	생각	감정	행동
한계 포인트	일어난 사건에 관해 생각하는 것을 멈출 수 없었다.	나는 매우 화가 났고, 몸에 열이 났다.	소리치기 시작했다.
감정을 조절하기 위한 전략	평온한 장소에 관해 생각한다.	숨을 깊게 쉰다.	행동하기 전에 열까지 센다.

나의 감정을 스스로 조절할 수 있는 방법은 무엇이 있는지 생각해 보세요. 마음속에 있는 전략들을 다시 적어 보세요. 좀 더 긍정적인 결과가 나오도록 문제를 해결하려면, 나는 행동을 어떻게 바꿔야 할까요?

문제	전	도중	후

조절 카드

📦 조절 카드는 도전적인 상황에 직면했을 때, 자제력을 유지시키고, 부정적인 생각을 감소시키는 데 도움을 줄 수 있는 시각적 신호입니다. 다음에 내가 화가 났을 때 할 수 있는 간단한 규칙의 예시가 있습니다. 나의 행동과 감정을 조절하는 데 도움을 줄 수 있는 자신만의 카드를 완성해 보세요.

예:

나의 분노 조절하기
나는 무엇을 해야 하나요: 숨을 깊게 쉬기
긍정적인 생각: 나는 나의 행동을 조절할 수 있다.
규칙: 나는 다른 사람의 물건에 손대지 않을 것이다. 나는 친절한 말만 할 것이고, 나쁜 말은 전혀 쓰지 않을 것이다.

나의 분노 조절하기
나는 무엇을 해야 하나요:
긍정적인 생각:
규칙:

나의 좌절감 조절하기
나는 무엇을 해야 하나요:
긍정적인 생각:
규칙:

도움이 되는 생각 vs. 도움이 되지 않는 생각

🎁 스트레스가 낮은 상황에서 나의 부정적인 생각 패턴을 인식하고, 생각을 재구성하는 연습을 하는 것은 중요합니다. 다음의 상황을 경험했을 때 떠올리게 될 부정적인 생각을 확인하고, 그것을 긍정적인 생각으로 바꿔 보세요.

1. 상황: 학교에 가는 버스를 놓쳤다.
   도움이 되지 않는 생각

   _____

   도움이 되는 생각

   _____

2. 상황: 친구가 나에게 "너는 잘하는 게 없다."고 말했다.
   도움이 되지 않는 생각

   _____

   도움이 되는 생각

   _____

3. 상황: 나의 계획이 취소되었다.
   도움이 되지 않는 생각

   _____

   도움이 되는 생각

   _____

4. 상황: 친구가 나의 기분을 상하게 했다.
   도움이 되지 않는 생각

   _____

   도움이 되는 생각

   _____

생각 바꾸기

 각 문장을 읽고, 대안적인 생각 또는 힘이 나게 하는 생각을 적어 보세요.

양자택일의 문장	긍정적인 재구성
나는 절대 이 일을 끝내지 못할 것이다.	나는 이 일을 끝낼 것이다. 나는 이 일을 한 번에 한걸음씩 해 나갈 것이다.
아무도 내 의견은 신경 쓰지 않는다.	
이것은 너무 어렵다.	
이 일은 안 될 거야.	
이게 내가 할 수 있는 최선이다.	
나는 이 일을 잘하지 못한다.	
이 일은 다른 사람들은 다 쉽게 할 수 있지만, 난 못해.	
나는 제대로 할 수 있는 게 아무것도 없다.	

감정 단어 만들기

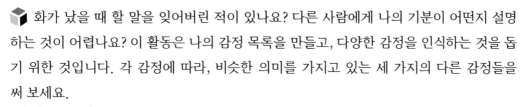 화가 났을 때 할 말을 잊어버린 적이 있나요? 다른 사람에게 나의 기분이 어떤지 설명하는 것이 어렵나요? 이 활동은 나의 감정 목록을 만들고, 다양한 감정을 인식하는 것을 돕기 위한 것입니다. 각 감정에 따라, 비슷한 의미를 가지고 있는 세 가지의 다른 감정들을 써 보세요.

행복한	차분한	좌절한

화난	슬픈	무서운

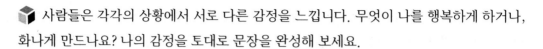

생각과 감정 연결하기

📦 사람들은 각각의 상황에서 서로 다른 감정을 느낍니다. 무엇이 나를 행복하게 하거나, 화나게 만드나요? 나의 감정을 토대로 문장을 완성해 보세요.

[행복]

나는 _____ 할 때 행복합니다.

내가 행복할 때, 나는 _____ 생각을 합니다.

내가 행복할 때, 나는 _____ 의 감정을 느낍니다.

[분노]

나는 _____ 할 때 화가 납니다.

내가 분노할 때, 나는 _____ 생각을 합니다.

내가 분노할 때, 나는 _____ 의 감정을 느낍니다.

[슬픔]

나는 _____ 할 때 슬픕니다.

내가 슬플 때, 나는 _____ 생각을 합니다.

내가 슬플 때, 나는 _____ 의 감정을 느낍니다.

[평안]

나는 _____ 할 때 평안합니다.

내가 안정감을 경험할 때, 나는 _____ 생각을 합니다.

내가 안정감을 경험할 때, 나는 _____ 의 감정을 느낍니다.

[좌절]

나는 _____ 할 때 좌절합니다.

내가 좌절감을 경험할 때, 나는 _____ 생각을 합니다.

내가 좌절감을 경험할 때, 나는 _____ 의 감정을 느낍니다.

감정 상태

1부

아동 및 청소년에게 각각의 종이에 감정의 이름을 아는 만큼 적게 합니다. 필요하다면 아동이 감정 어휘를 만드는 것을 도와줄 수 있습니다. 아동에게 한 통에 채워진 종이들을 한 장씩 꺼내고, 감정의 메시지를 몸짓과 얼굴 표정으로 전달하도록 합니다. 가능하다면 거울로 아동이 자신의 얼굴 표정을 볼 수 있게 도와줍니다.

2부

새로운 종이를 가져와 아동이 각 종이 위에 1부에서 찾은 감정들의 이름을 적도록 합니다. 아동 및 청소년은 각 감정 상태를 묘사하기 위해 잡지의 이미지를 잘라 붙이거나, 그림을 그릴 수 있습니다. 그리고 그 사람이 왜 그런 감정을 느꼈는지 써 보도록 합니다.

3부

매주 1부에서 확인한 감정 상태를 하나 또는 두 개 고른 다음, 아동에게 한 주 동안 일상생활에서 누가 이 감정을 경험하고 있는지 찾아보도록 합니다. 또 아동에게 이러한 감정을 경험하고 있는 누군가를 돕거나, 함께 있어 주기 위한 방법을 찾아보도록 합니다. 예를 들어, 만약 다른 사람이 행복하다는 것을 알아차렸다면, 이 기쁨을 함께 경험할 수 있는 방법을 찾아보도록 합니다. 만약 다른 사람이 슬퍼하는 것을 보았다면, 그의 이야기를 들어 주거나 격려해 주도록 합니다.

4부

다음 회기에서는 3부에서 탐색한 감정 상태의 종이 중 하나를 뽑습니다. 그런 다음 종이 뒷면에 다른 사람의 감정 상태를 알게 된 것이 어땠는지, 또 그를 돕는 것은 어땠는지 적어 보거나 그림을 그려 보도록 합니다.

아동의 감정 단어는 얼마나 다양해졌나요? 아동이 다른 사람의 감정 상태를 확인하고, 도울 수 있는 방법을 스스로 찾을 수 있었나요? 다른 사람의 감정에 더 공감할 수 있도록 아동의 관점이 변화되었나요?

평화의 연결고리

다음 빈칸에 한 줄에 하나씩 평화로운, 또는 마음을 차분하게 만드는 단어들을 써 보세요. 그리고 그것을 한 줄씩 잘라, 스테이플러나 테이프를 이용해 연결고리(사슬) 모양이 되도록 이어 보세요. 만든 연결고리를 마음을 차분하게 만드는 단어들을 상기시켜 주는 하나의 시각적 도구로 이용해 보세요. 그리고 그것이 함께 연결되었을 때 얼마나 큰 힘을 발휘할 수 있는지 생각해 보세요.

평화로운 행동

🎲 '평화로운'이라는 단어는 무슨 의미인가요? 다음 공간에 '평화'란 어떤 모습인지 쓰거나, 그려 보세요. 집, 학교, 공동체에서 어떻게 하면 평화를 찾아볼 수 있을까요?

집에서의 평화로운 행동	학교에서의 평화로운 행동	공동체에서의 평화로운 행동

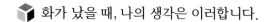 화가 났을 때, 나의 생각은 이러합니다.

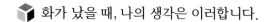 평화로울 때, 나의 생각은 이러합니다.

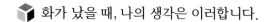 내 인생과 다른 사람의 인생을 더 평화롭게 만들 수 있는 방법은 무엇일까요?

_____

_____

_____

성공의 비결

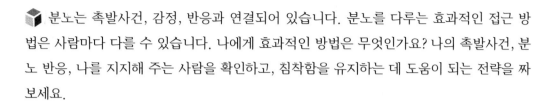

분노는 촉발사건, 감정, 반응과 연결되어 있습니다. 분노를 다루는 효과적인 접근 방법은 사람마다 다를 수 있습니다. 나에게 효과적인 방법은 무엇인가요? 나의 촉발사건, 분노 반응, 나를 지지해 주는 사람을 확인하고, 침착함을 유지하는 데 도움이 되는 전략을 짜 보세요.

성공의 비결

나는 _____

_____ 할 때 화가 납니다.

나의 감정은 _____

_____ 입니다.

나의 평소 반응은 _____

_____ 입니다.

나는 _____

_____ 와 이야기하면 행동을 조절할 수 있습니다.

나는 진정시키기 위해 이 방법을 쓸 것입니다. _____

_____

스스로를 진정시키는 데 _____ (시간)이 걸립니다.

📦 화가 날 때 어떤 생각이 나는지 적어 보세요. 산 정상에서 소리치듯이 **크고 굵은 글씨**로 적으세요. 끝나면 종이를 가지고 그것을 구겨서 쓰레기통에 던지면서 부정적인 생각을 분출하세요. 생각을 적는 동안 나의 몸은 어떤 감정을 느꼈는지 적고, 그것을 분출한 후에는 어떻게 느꼈는지 적어 보세요.

이번 활동은 '10가지 확인 목록'으로, 화가 났을 때 할 수 있는 대처 기술이 무엇인지 알아보고, 이를 습득할 수 있습니다. 맨 위부터 시작하여, 아래까지 큰 소리로 읽고 행동해 보세요. 마지막에는 이 활동을 시작하기 전에 느꼈던 감정과 이 활동을 끝낸 후 느낀 감정이 어떤지 함께 이야기하거나 적어 보세요.

10	10번 깊게 숨을 쉰다.
9	내가 보고 있는 것 9가지의 이름을 적는다.
8	나를 지지해 주는 사람 8명의 이름을 적는다.
7	색깔 7가지를 적는다.
6	나를 행복하게 만들어 주는 6가지를 적는다.
5	5번 깊게 숨을 쉰다.
4	내 귀에 들리는 4가지 소리를 적는다.
3	내가 만질 수 있는 3가지를 적는다.
2	2번 깊게 숨을 쉰다.
1	지금 기분이 어떤가요?

감사 편지

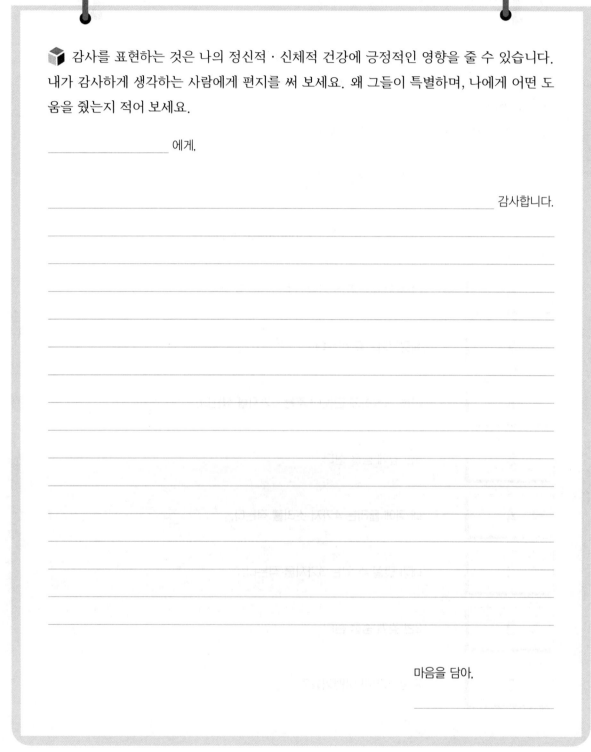

📦 감사를 표현하는 것은 나의 정신적 · 신체적 건강에 긍정적인 영향을 줄 수 있습니다. 내가 감사하게 생각하는 사람에게 편지를 써 보세요. 왜 그들이 특별하며, 나에게 어떤 도움을 줬는지 적어 보세요.

_____ 에게,

_____ 감사합니다.

_____

_____

_____

_____

_____

_____

_____

_____

_____

_____

_____

_____

_____

마음을 담아,

_____

작은 성공들

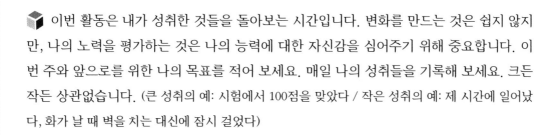 이번 활동은 내가 성취한 것들을 돌아보는 시간입니다. 변화를 만드는 것은 쉽지 않지만, 나의 노력을 평가하는 것은 나의 능력에 대한 자신감을 심어주기 위해 중요합니다. 이번 주와 앞으로를 위한 나의 목표를 적어 보세요. 매일 나의 성취들을 기록해 보세요. 크든 작든 상관없습니다. (큰 성취의 예: 시험에서 100점을 맞았다 / 작은 성취의 예: 제 시간에 일어났다, 화가 날 때 벽을 치는 대신에 잠시 걸었다)

이번 주의 목표: _____

장기 목표: _____

_____

	매일 성취한 것들
일요일	
월요일	
화요일	
수요일	
목요일	
금요일	
토요일	

중요한 성취: _____

더 나은 향상을 위해 할 수 있는 것들: _____

_____

고마운 감정들

🎁 우리는 쉽게 흥분하고, 빨리 분노를 느끼느라 우리 주변에 있는 긍정적인 것들이나 나를 지지해 주는 사람들을 놓치게 됩니다. 각 도형에 내가 고마워하는 무언가를 적고, 색칠하는 시간을 가져 보세요. 이 활동은 나의 삶에 있는 긍정적인 것을 다시 상기시켜 주는 데 도움이 될 것입니다.

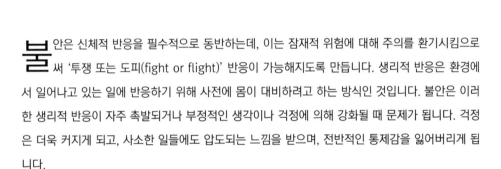

제 5 장

불안장애

불안은 신체적 반응을 필수적으로 동반하는데, 이는 잠재적 위험에 대해 주의를 환기시킴으로써 '투쟁 또는 도피(fight or flight)' 반응이 가능해지도록 만듭니다. 생리적 반응은 환경에서 일어나고 있는 일에 반응하기 위해 사전에 몸이 대비하려고 하는 방식인 것입니다. 불안은 이러한 생리적 반응이 자주 촉발되거나 부정적인 생각이나 걱정에 의해 강화될 때 문제가 됩니다. 걱정은 더욱 커지게 되고, 사소한 일들에도 압도되는 느낌을 받으며, 전반적인 통제감을 잃어버리게 됩니다.

불안의 영향을 줄이고 대처 전략들을 찾아내기 위해서는 불안이 어떻게 유발되고 어떤 증상들을 나타내는지, 그리고 불안이 일상 기능을 어떻게 손상시키는지 이해해야 합니다. 또한 불안은 우울, 트라우마, 주의력 결핍 및 과잉행동장애(ADHD)와 같은 다른 장애와 함께 동반되어 나타나기도 합니다. 아동과 청소년은 발달적 특성상 불안이 증가할 수 있기 때문에, 이들에게 대처 기술을 가르치는 것은 증상을 완화하고, 성장할 수 있도록 도울 수 있습니다.

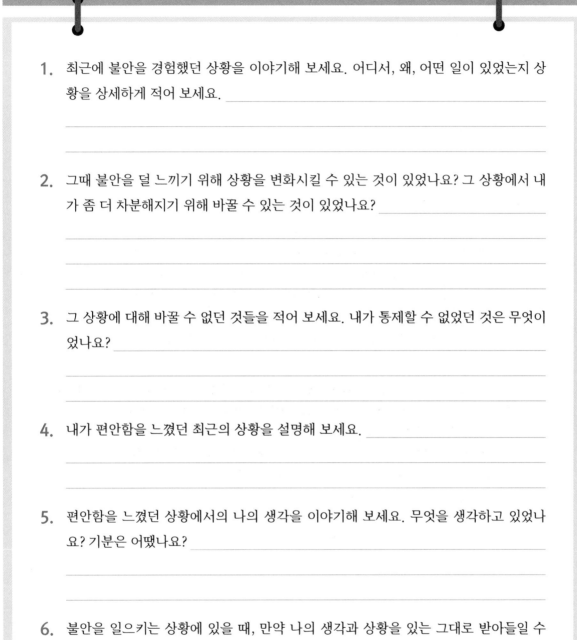

나의 걱정 알기

1. 최근에 불안을 경험했던 상황을 이야기해 보세요. 어디서, 왜, 어떤 일이 있었는지 상황을 상세하게 적어 보세요.

2. 그때 불안을 덜 느끼기 위해 상황을 변화시킬 수 있는 것이 있었나요? 그 상황에서 내가 좀 더 차분해지기 위해 바꿀 수 있는 것이 있었나요?

3. 그 상황에 대해 바꿀 수 없던 것들을 적어 보세요. 내가 통제할 수 없었던 것은 무엇이었나요?

4. 내가 편안함을 느꼈던 최근의 상황을 설명해 보세요.

5. 편안함을 느꼈던 상황에서의 나의 생각을 이야기해 보세요. 무엇을 생각하고 있었나요? 기분은 어땠나요?

6. 불안을 일으키는 상황에 있을 때, 만약 나의 생각과 상황을 있는 그대로 받아들일 수 있다면 무엇이 달라질 것 같나요?

불안의 위계

두려움이나 불안에 대한 위계를 설정하는 것은 아동 및 청소년에게 가장 큰 영향을 미치는 것이 무엇인지 우선순위를 정하는 데 도움이 됩니다. 불안의 위계 설정은 회기 내에서 함께 진행하는 것이 좋습니다. 함께 협력하여 불안을 일으키는 상황들뿐 아니라, 각 단계에서 아동의 신체가 어떻게 느끼고 반응하는지 확인하는 것이 필요합니다. 1단계는 아동이 거의 또는 전혀 불안을 느끼지 않는 상황일 것이고, 5단계는 아동이 가장 큰 불안을 느끼는 상황이 될 것입니다.

만일 아동이 불안을 느끼는 상황들에 대해 이야기하기 어렵다면, 먼저 아동에게 스트레스가 될 수 있는 몇 가지 상황들을 제시하는 것으로 시작할 수 있습니다. 불안의 위계 표를 사용하기 편한 곳에 두고, 다른 활동을 하는 동안 활용할 수 있습니다. 치료가 진행됨에 따라 이러한 과정을 반복함으로써 불안을 일으키는 요인들을 확인할 수 있습니다. 이후 회기들에서는 아동이 도움 없이도 스스로 위계 표를 채워 나갈 수 있게 됩니다.

불안의 위계

📦 우리의 몸은 걱정에 대해 다양한 방법과 강도로 반응합니다. 어떤 상황에서 불안을 느끼고, 또 나의 몸이 어떻게 반응하는지를 이해하는 것은 중요합니다. 다음의 피라미드는 불안 또는 걱정에 대한 나의 반응을 나타내고 있습니다. 맨 아래 가장 큰 공간 1에는 일상생활에서 스트레스가 거의 없는 활동을 적어 보세요. 계속해서 공간 2~4로 강도를 높여 가며 각 상황의 예시를 적어 보세요. 맨 위 가장 작은 공간 5에는 가장 큰 걱정이나 불안을 일으키거나 일으킬 가능성이 있는 것을 적어 보세요.

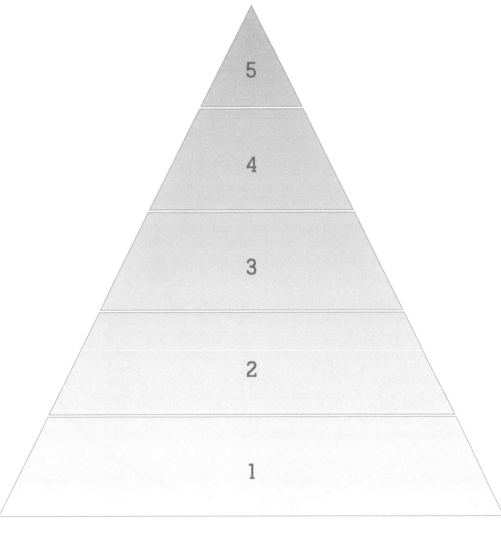

나의 걱정

🎁 사람들의 걱정은 모두 각기 다른 모습을 하고 있습니다. 다음의 원에 내가 생각하는 걱정이 어떤 모습인지 그려 보세요. 그리고 나의 걱정에 이름을 붙여 주세요. 이 활동은 걱정을 시각화하는 데 도움이 될 것입니다. 그래서 걱정은 내 안에 있는 것이 아니라, 만질 수 있고, 마주할 수 있고, "가!"라고 말할 수 있는 것이 됩니다.

'좋은' 걱정 vs. '나쁜' 걱정

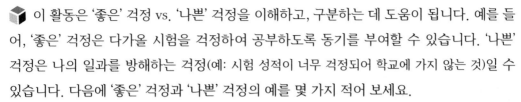 이 활동은 '좋은' 걱정 vs. '나쁜' 걱정을 이해하고, 구분하는 데 도움이 됩니다. 예를 들어, '좋은' 걱정은 다가올 시험을 걱정하여 공부하도록 동기를 부여할 수 있습니다. '나쁜' 걱정은 나의 일과를 방해하는 걱정(예: 시험 성적이 너무 걱정되어 학교에 가지 않는 것)일 수 있습니다. 다음에 '좋은' 걱정과 '나쁜' 걱정의 예를 몇 가지 적어 보세요.

'좋은' 걱정	'나쁜' 걱정

탐정 놀이

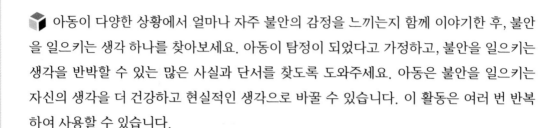 아동이 다양한 상황에서 얼마나 자주 불안의 감정을 느끼는지 함께 이야기한 후, 불안을 일으키는 생각 하나를 찾아보세요. 아동이 탐정이 되었다고 가정하고, 불안을 일으키는 생각을 반박할 수 있는 많은 사실과 단서를 찾도록 도와주세요. 아동은 불안을 일으키는 자신의 생각을 더 건강하고 현실적인 생각으로 바꿀 수 있습니다. 이 활동은 여러 번 반복하여 사용할 수 있습니다.

나를 불안하게 만드는 생각

불안을 일으키는 나의 생각이 틀렸음을 지지하는 증거들

아동이 얼마나 자주 이러한 생각을 경험하는지 기록해 보세요. 불안을 일으키는 생각이 떠오를 때마다 이 활동을 다시 읽어 보도록 하세요. 불안을 일으키는 생각이 떠오르는 빈도나 강도에 변화가 있는지 적어 보세요.

현실적인 생각/자기 진술

걱정의 저울

새로운 상황에서는 나의 행동에 영향을 줄 수 있는 이점(득)과 걱정(실)이 있습니다. 나를 걱정하게 만드는 사건이나 생각을 적어 보세요. 그런 다음, 걱정의 저울에 득과 실의 무게를 달아 보세요. 그리고 내가 걱정하는 것을 해결하기 위해 취할 수 있는 조치가 무엇인지 생각해 보세요. 예를 들어, 내가 새로운 축구팀에 들어가는 것에 대해 걱정한다고 말할 때, 득은 새로운 친구를 만드는 것과 축구 기술이 느는 것이 될 수 있습니다. 실은 아무도 나를 좋아하지 않을 것이고, 나는 괜찮은 사람이 아닌 것 같다는 느낌일 수 있습니다. 걱정의 저울 맨 아래 칸에는 나의 걱정을 극복하는 데 도움이 될 대처 기술과 생각의 재구성을 포함한 행동 계획을 적어 보세요(예: 나는 첫 번째 연습에 참여하기 전에 자신감을 좀 더 얻을 수 있도록 축구 연습을 할 거예요).

나의 문제와 이 문제를 해결하기 위해 할 수 있는 것

_____

_____

_____

신체 반응과 감정

📦 내가 걱정하고, 불안하고, 긴장했을 때 나의 몸에서 어떤 일이 발생하는지 그림을 그리거나, 색을 칠해 보세요. 이러한 다양한 몸의 반응들이 어떤 기분이 들게 하는지, 어떤 생각을 하게 만드는지, 어떤 행동을 하게 하는지 이야기해 보세요. 이것이 나에게 어떤 의미인지 생각해 보고, 이러한 몸의 다양한 반응과 감정을 어떻게 해결할 수 있을지 생각해 보세요.

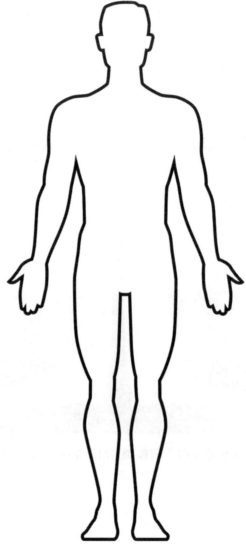

걱정에 대해 어떻게 반응하나요?

 우리는 걱정에 대해 모두 다르게 반응합니다. 여기 다양한 정신적·신체적 반응들이 있습니다. 이번 활동에서는 낮은 불안을 야기하는 사건, 높은 단계의 불안을 야기하는 사건을 확인할 수 있습니다. 두 사건에 대한 나의 반응은 차이가 있나요, 아니면 비슷한가요?

예:

정신적	집중하기 어려움, 생각하기 괴로움, 나쁜 경우를 상상함
신체적	가만히 있지 못함, 심장이 빠르게 뜀, 복통, 몸을 떪, 불면증, 어지러움, 근육 긴장, 손이 축축해짐

	낮은 스트레스/낮은 불안을 일으키는 사건	높은 스트레스/높은 불안을 일으키는 사건
정신적		
신체적		
대처 전략		

나의 불안 일기

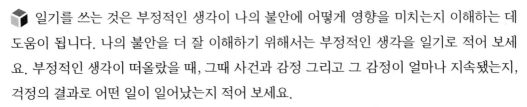

🔷 일기를 쓰는 것은 부정적인 생각이 나의 불안에 어떻게 영향을 미치는지 이해하는 데 도움이 됩니다. 나의 불안을 더 잘 이해하기 위해서는 부정적인 생각을 일기로 적어 보세요. 부정적인 생각이 떠올랐을 때, 그때 사건과 감정 그리고 그 감정이 얼마나 지속됐는지, 걱정의 결과로 어떤 일이 일어났는지 적어 보세요.

사건 (시간, 사람, 상황)	부정적인 생각	감정/이유	그 감정이 지속된 시간	결과

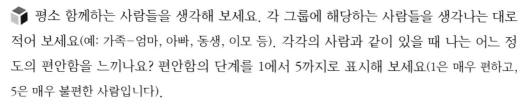 평소 함께하는 사람들을 생각해 보세요. 각 그룹에 해당하는 사람들을 생각나는 대로 적어 보세요(예: 가족-엄마, 아빠, 동생, 이모 등). 각각의 사람과 같이 있을 때 나는 어느 정도의 편안함을 느끼나요? 편안함의 단계를 1에서 5까지로 표시해 보세요(1은 매우 편하고, 5은 매우 불편한 사람입니다).

	편안함의 단계	말하거나 행동할 때 어떤 편안함을 느끼는지
가족 구성원		
친구들		
공동체 구성원 (예: 학교 선생님, 교장 선생님, 학원 선생님)		
권위자(예: 경찰, 의사)		
외부인		

도움이 되는 생각

 다음의 상황에서 도움이 되지 않는 생각이나 부정적인 생각을 찾아 보세요. 그리고 그 생각을 긍정적인 생각으로 바꿔 보세요.

1. 나는 많은 사람들 앞에서 얘기해야 합니다.

　　도움이 되지 않는 생각: _____

　　긍정적인 생각: _____

2. 나는 짧은 시간 내에 큰 과제를 완성해야 합니다.

　　도움이 되지 않는 생각: _____

　　긍정적인 생각: _____

3. 선생님이 나에게 쪽지 시험을 냈습니다.

　　도움이 되지 않는 생각: _____

　　긍정적인 생각: _____

4. 새로운 학교에 다니게 되었는데, 아는 사람이 아무도 없습니다.

　　도움이 되지 않는 생각: _____

　　긍정적인 생각: _____

5. 내 옆에 아픈 친구가 앉아 있습니다.

　　도움이 되지 않는 생각: _____

　　긍정적인 생각: _____

믿음의 비눗방울

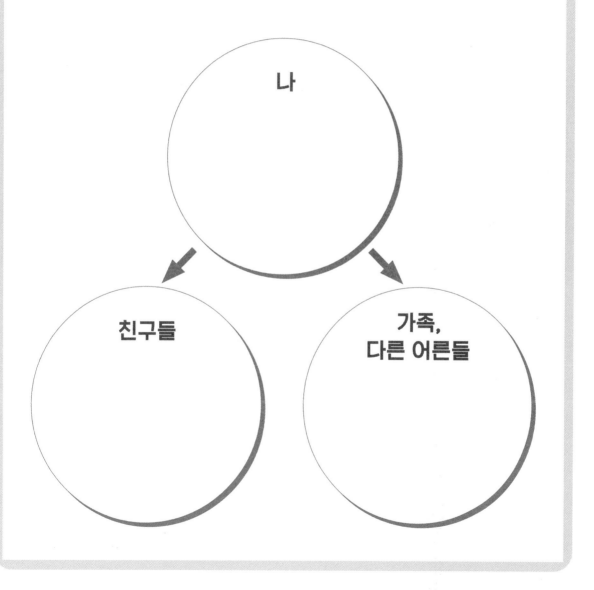

📦 나의 삶에서 나를 지지해 주고 믿어 주는 사람을 떠올려 보세요(예: 친구, 가족). 나는 친구에게 무엇을 기대하나요? 다음의 원에 나 자신, 친구들 그리고 나를 믿어주는 어른들의 긍정적인 특징을 적어 보세요. 어떤 공통점이 있나요? 무엇이 그들을 특별하게 만드나요? 나는 어떤 점 때문에 그들을 믿을 수 있나요? 원 안에 자신의 생각을 적거나, 그림을 그려 보세요. 세 원 안에 적은 사람들의 공통된 특징이 무엇인지 확인해 보세요.

자기 주장 조절하기

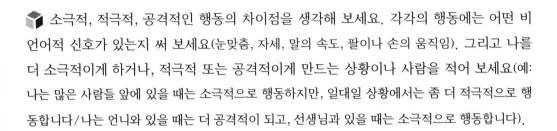 소극적, 적극적, 공격적인 행동의 차이점을 생각해 보세요. 각각의 행동에는 어떤 비언어적 신호가 있는지 써 보세요(눈맞춤, 자세, 말의 속도, 팔이나 손의 움직임). 그리고 나를 더 소극적이게 하거나, 적극적 또는 공격적이게 만드는 상황이나 사람을 적어 보세요(예: 나는 많은 사람들 앞에 있을 때는 소극적으로 행동하지만, 일대일 상황에서는 좀 더 적극적으로 행동합니다/나는 언니와 있을 때는 더 공격적이 되고, 선생님과 있을 때는 소극적으로 행동합니다).

1. 소극적
   비언어적 신호: _____
   개인: _____
   상황: _____

2. 적극적
   비언어적 신호: _____
   개인: _____
   상황: _____

3. 공격적
   비언어적 신호: _____
   개인: _____
   상황: _____

세 가지 소원

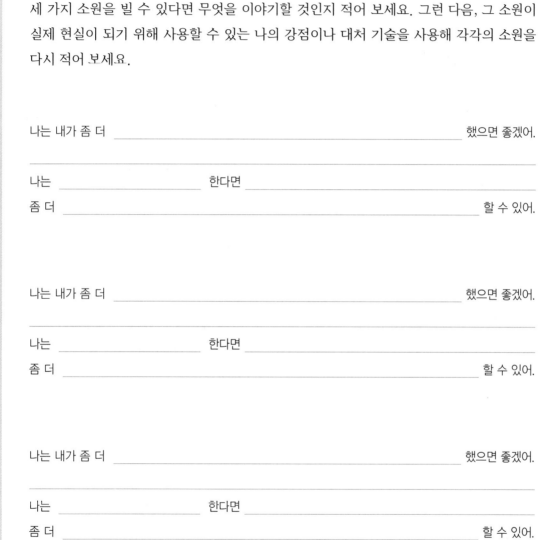

사람들과 함께 있는 사회적 상황을 상상해 보세요. 그 상황이 좀 더 편안해지기 위해 세 가지 소원을 빌 수 있다면 무엇을 이야기할 것인지 적어 보세요. 그런 다음, 그 소원이 실제 현실이 되기 위해 사용할 수 있는 나의 강점이나 대처 기술을 사용해 각각의 소원을 다시 적어 보세요.

나는 내가 좀 더 _____ 했으면 좋겠어.

_____

나는 _____ 한다면 _____

좀 더 _____ 할 수 있어.

나는 내가 좀 더 _____ 했으면 좋겠어.

_____

나는 _____ 한다면 _____

좀 더 _____ 할 수 있어.

나는 내가 좀 더 _____ 했으면 좋겠어.

_____

나는 _____ 한다면 _____

좀 더 _____ 할 수 있어.

할 일과 하지 않을 일 목록

불안은 부탁받은 모든 일들에 대해 "응"이라고 말해 너무 많은 일을 떠맡게 되었을 때 일어납니다. 자기주장을 좀 더 잘 할 수 있게 되려면, 무엇을 끝내야 하는지, 무엇을 기다릴 수 있는지 등 우선순위를 정해야 합니다. 다음에 내가 해야 될 일들과 내가 스트레스를 받는 다른 책임들의 목록을 적어 보세요. 그 목록에서 지금 당장 해야 하는 일은 무엇인지, 내가 하고 싶은, 또는 해야 될 일이기는 하지만 지금 당장은 하지 않아도 되는 일은 무엇인지, 할 시간이 없거나 하고 싶지 않은 일은 무엇인지 찾아보세요.

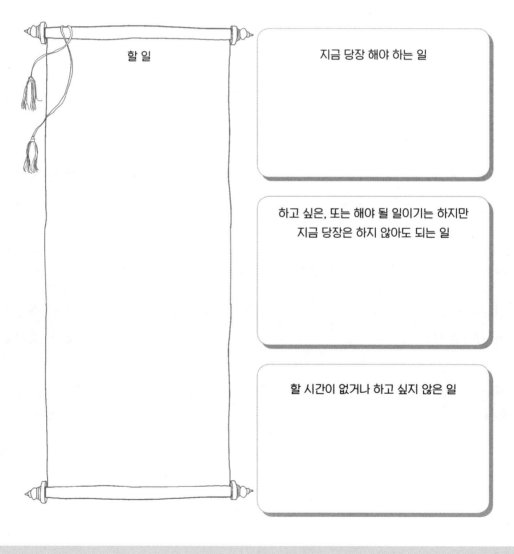

할 일

지금 당장 해야 하는 일

하고 싶은, 또는 해야 될 일이기는 하지만 지금 당장은 하지 않아도 되는 일

할 시간이 없거나 하고 싶지 않은 일

친사회적 행동들

🎲 사회적 상황에서 불안을 극복하는 길은 나의 능력에 대한 자신감을 기르고, 친사회적 행동을 연습하는 것입니다. 표에 있는 상황을 살펴보고, 내가 그 상황에 있었던 때를 떠올려 보거나, 상황이 일어났다고 상상해 보세요. 빈칸에 나의 행동, 생각, 감정을 써 보세요. 그 상황에서 나의 행동이 다른 사람들에게 어떤 영향을 미쳤었나요? 집, 학교 또는 공동체에서 겪었던 문제를 통해 무엇을 배울 수 있었나요?

	행동	사고	감정	다른 사람들에게 미친 영향
친구에게 자기소개 하기				
선생님과 대화하기				
반 친구들과 조별 활동하기				
다른 사람들에게 놀자고 요청하기				

언제 가장 자신감이 있었나요? _____

언제 가장 자신감이 떨어졌나요? _____

내가 바로잡아야 할 부정적인 생각은 무엇이었나요? _____

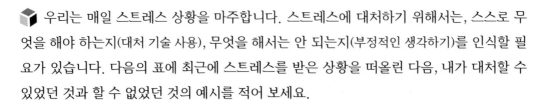

스트레스 인식하기

 우리는 매일 스트레스 상황을 마주합니다. 스트레스에 대처하기 위해서는, 스스로 무엇을 해야 하는지(대처 기술 사용), 무엇을 해서는 안 되는지(부정적인 생각하기)를 인식할 필요가 있습니다. 다음의 표에 최근에 스트레스를 받은 상황을 떠올린 다음, 내가 대처할 수 있었던 것과 할 수 없었던 것의 예시를 적어 보세요.

스트레스 상황: _____

_____

미루기	친구에게 말하기	울기	소리치기
상황 피하기	호흡하기	도움을 요청하기	
휴식하기	스스로에게 긍정적인 말해 주기	아무 말도 하지 않기	

할 수 있다	해서는 안 된다

스트레스, 좌절감, 두려움 또는 불안을 다루는 데 가장 도움이 되는 것은 무엇입니까?

걱정/불안에 관한 자기 진술

📦 다음의 네모 모양 안에 나에게 걱정이나 두려움을 주는 사회적 상황을 적거나, 그림을 그려 보세요(예: 반 친구들에게 놀림 당하는 상황). 번개 모양 안에는 그 걱정을 적고, 그것을 말로 바꾸어 이야기해 보세요(예: 그건 아무도 나를 좋아하지 않는다는 뜻이에요). 마지막으로, 해 모양 안에는 이러한 자기 진술이 합리적이지 않은 이유를 적어 보세요. 이러한 걱정과 맞설 증거나 사실을 적어 보세요(예: 나는 친구가 있어요. 그러니까 아무도 나를 좋아하지 않는다는 것은 사실이 아니에요).

내가 걱정하는 일이 일어날 가능성은 얼마나 되나요? _____

이러한 걱정에 관한 나의 자기 진술은 사실인가요 또는 합리적인가요? _____

이러한 자기 진술이 사실이 아니라는 것을 입증해 줄 나만의 증거는 무엇인가요? _____

빨간불, 노란불, 초록불

📦 이 활동은 걱정에 대한 문제 해결 방법을 찾는 데 도움을 주기 위한 것입니다. 다음의 신호등은 걱정을 확인한 후 멈추고(빨강), 계획을 떠올리고(노랑), 행동하도록(초록) 알려줄 것입니다. 이전의 활동을 통해 걱정은 좋을 수도 있고, 나쁠 수도 있다는 것을 알게 되었을 것입니다. 내가 '나쁜' 걱정을 경험했다면, 이 활동을 통하여 그 걱정을 긍정적인 방법으로 다룰 수 있게 될 것입니다.

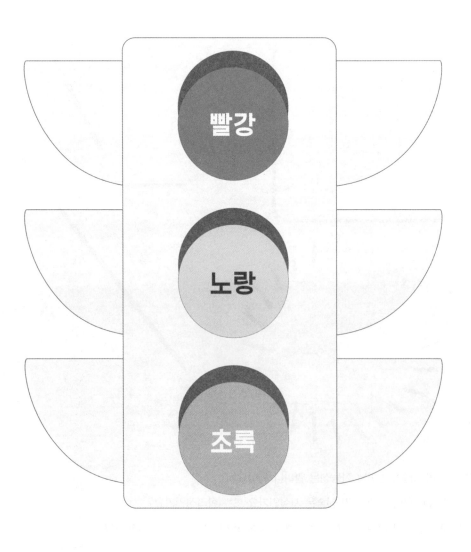

나만의 대처 도구 만들기

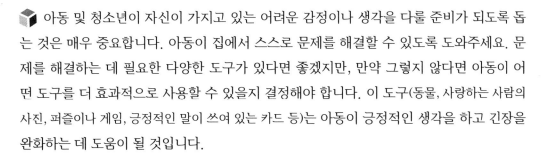 아동 및 청소년이 자신이 가지고 있는 어려운 감정이나 생각을 다룰 준비가 되도록 돕는 것은 매우 중요합니다. 아동이 집에서 스스로 문제를 해결할 수 있도록 도와주세요. 문제를 해결하는 데 필요한 다양한 도구가 있다면 좋겠지만, 만약 그렇지 않다면 아동이 어떤 도구를 더 효과적으로 사용할 수 있을지 결정해야 합니다. 이 도구(동물, 사랑하는 사람의 사진, 퍼즐이나 게임, 긍정적인 말이 쓰여 있는 카드 등)는 아동이 긍정적인 생각을 하고 긴장을 완화하는 데 도움이 될 것입니다.

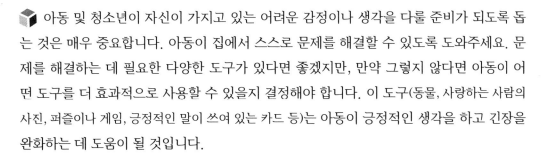 아동이 어려운 감정이나 생각을 다룰 때 사용할 수 있게 대처 도구를 가지고 다니며 쉽게 꺼내 볼 수 있도록 도와주세요.

📦 불안한 상태에 있을 때 우리는 혼란스러운 느낌을 받을 수 있습니다. 때때로 우리는 새로운 것을 시도하는 대신 건강하지 않은 방법들, 예를 들어 회피를 하거나, 틀에 박힌 주장을 하거나, 나쁜 결과를 예측하는 방법에 의존하기도 합니다. 비록 이런 방법은 일시적으로 안도감을 제공하지만, 장기적으로 볼 때, 도움이 되지 못합니다. 치료사나 부모님과 함께 불안을 감소하는 데 도움이 되는 방법을 찾아보세요.

통제의 원

📦 대부분의 사람들은 불안을 느낄 때 스스로를 진정시킬 수 있는 방법을 찾으려고 시도합니다. 불안은 우리를 혼란스럽게 하고 압도당하는 기분이 들게 합니다. 이 활동은 내가 통제할 수 있는 것이 무엇인지, 또는 통제할 수 없는 것이 무엇인지 확인하는 데 도움을 줍니다. 내가 가장 큰 불안을 느끼는 상황을 생각해 보세요. 그리고 원을 이용하여 내가 통제할 수 있는 것과 통제할 수 없는 것을 찾아보세요. 치료사와 함께 불안을 낮추고 내가 실제로 통제할 수 있는 것들에 초점을 맞추기 위한 방법들을 이야기해 보세요. 이것은 불안을 낮추고 압도되는 느낌을 줄이는 데 도움이 될 것입니다.

나의 통제 밖에 있는 것

내가 통제할 수 있는 것

나의 통제 수준

📦 이 활동을 통해 다양한 상황에서 나의 통제 수준은 어느 정도인지 확인할 수 있습니다. 다음 각 상황에서 내가 얼마나 통제할 수 있는지 체크해 보세요.

	통제 할 수 없다	어느 정도 통제할 수 있다	완전히 통제할 수 있다
1. 만약 가족 모임에서 즐거운 시간을 보낼 것이라면			
2. 만약 가족들과 잘 지낸다면			
3. 만약 학교에서 다른 사람이 나를 좋아한다면			
4. 내가 좋은 사람이라면			
5. 만약 친구가 나의 조언을 듣는다면			
6. 만약 다가올 시험을 잘 본다면			
7. 만약 친구들이 내 신발을 좋아한다면			
8. 만약 내가 교내 농구 기록을 깬다면			
9. 만약 내가 농구 게임에서 모든 잡기와 패스를 성공한다면			
10. 만약 내가 지시 사항을 듣고 따른다면			
11. 만약 할머니가 돌아가신다면			
12. 만약 휴가 때 비가 온다면			
13. 만약 선생님이 나에게 공정한 점수를 준다면			
14. 만약 내 여자친구/남자친구와 헤어진다면			
15. 만약 학교를 가기 위해 제 시간에 일어난다면			
16. 만약 나의 목표를 성취한다면			

생각의 볼륨 조절하기

내 생각의 '볼륨'을 조절하고 생각의 속도를 늦추고 싶은 적이 있나요? 나의 머릿속에서 집중하기 어려운 많은 소음이 들리기도 하나요? 이 활동을 통해서 불안한 생각과 걱정을 확인하고, 이러한 생각의 볼륨을 '낮추는' 대처 기술을 배울 수 있습니다. 생각의 볼륨이 '큰' 영역에는 나를 괴롭히고 내 생각의 볼륨을 커지게 만드는 것과 나의 생각들을 적어 보세요. 그다음, 어떤 대처 기술이 생각의 볼륨을 중간 수준으로 줄일 수 있는지 찾아보고 생각의 볼륨의 '중간' 영역에 적어 보세요. 생각의 볼륨이 '낮은' 영역에는 무엇이 생각의 볼륨을 낮은 수준으로 만드는 데 도움이 되는지 적어 보세요.

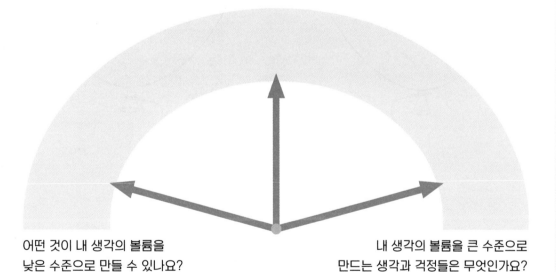

어떤 것이 내 생각의 **볼륨**을
중간 수준으로 만들 수 있나요?

어떤 것이 내 생각의 **볼륨**을
낮은 수준으로 만들 수 있나요?

내 생각의 **볼륨**을 큰 수준으로
만드는 생각과 걱정들은 무엇인가요?
무엇이 그것들을 일어나게 만드나요?

무엇이 효과가 있을까?

🎁 이 활동의 목표는 걱정을 다루는 데 효과적인 대처 기술을 확인하는 것입니다. 첫 번째 풍선에는 나의 불안을 다루는 데 효과적인 대처 기술을 적거나, 그림을 그려 보세요. 다음 풍선에는 별로 효과적이지 않은 대처 기술을 적거나, 그림을 그려 보세요.

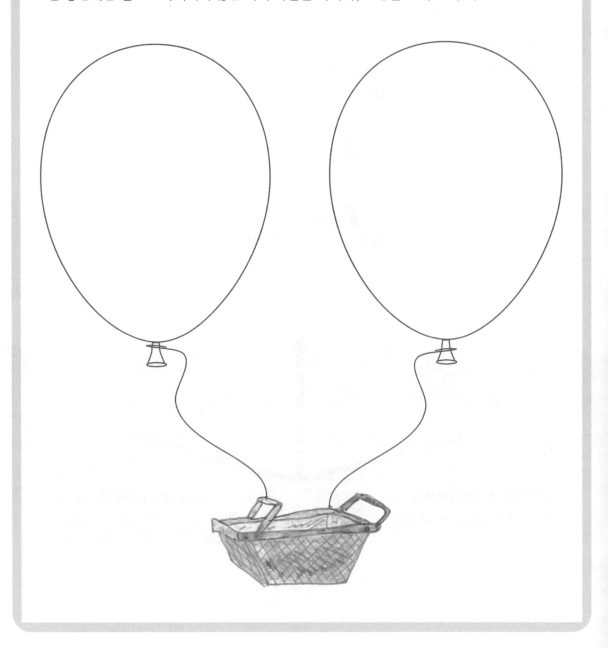

불안 미로에서 길 찾기

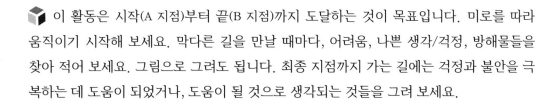 이 활동은 시작(A 지점)부터 끝(B 지점)까지 도달하는 것이 목표입니다. 미로를 따라 움직이기 시작해 보세요. 막다른 길을 만날 때마다, 어려움, 나쁜 생각/걱정, 방해물들을 찾아 적어 보세요. 그림으로 그려도 됩니다. 최종 지점까지 가는 길에는 걱정과 불안을 극복하는 데 도움이 되었거나, 도움이 될 것으로 생각되는 것들을 그려 보세요.

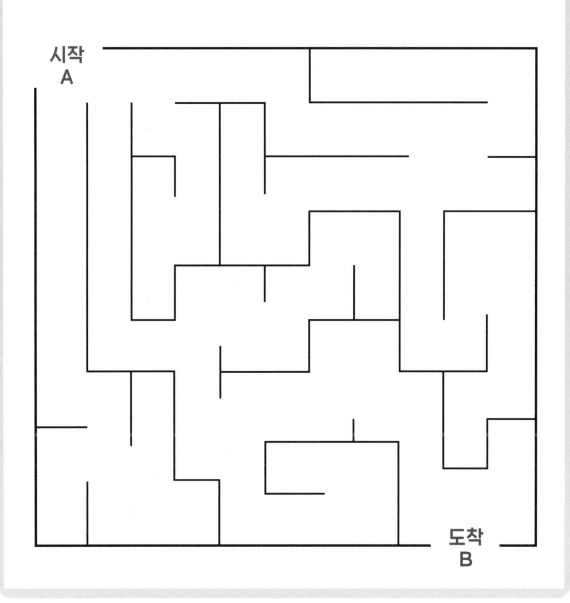

멈추기, 되감기, 다시 생각하기

불안한 감정이 아동 및 청소년의 생각에 어떻게 영향을 미치는지 이야기해 보세요. 준비 단계로 몇 가지 예시를 들어서 아동으로 하여금 불안한 감정이 실제적인 생각에 근거하지 않는다는 것을 확인할 수 있도록 도와주세요.

준비 단계 후, 다음 페이지에서는 아동과 함께 제시된 활동을 살펴봅니다. 아동 혼자 힘으로 활동지를 완성할 수 있도록 하고, 필요한 경우에는 도움을 줄 수 있습니다.

활동지를 완성한 후, 아동의 불안한 생각들을 살펴보고, 이러한 생각들이 좀 더 실제적인 것이 되도록 '다시 생각하는' 훈련을 실시합니다.

또한 아동은 집에서 불안한 생각이 떠오를 때마다 이 활동지를 사용할 수 있습니다. 작성된 활동지는 다음 회기에서 함께 검토할 수 있습니다.

멈추기, 되감기, 다시 생각하기

 불안을 일으키는 생각을 확인하고, 첫 번째 상자에 그 생각을 적어 보세요. 불안한 생각이 얼마나 현실에 근거하지 않는지 살펴보고, 두 번째 상자에 이 생각이 얼마나 합리적이지 않은지 기록해 보세요. 그리고 불안한 생각이 틀렸음을 입증하는 증거를 기록해 보세요. 세 번째 상자에는 불안한 생각에 맞서 자기 자신에게 할 수 있는 긍정적이고 건강한 말을 적어 보세요. 여기에는 나의 불안한 생각이 틀렸음을 보여 주는 사실도 포함되어 있을 것입니다.

멈추기

나의 불안한 생각을 확인하세요. 자기 자신에게 이러한
생각을 멈추게 하는 말을 생각해 보고
상자에 써 보세요.

되감기

나의 불안한 생각을 어떻게 합리적인 생각으로
되돌릴지 적어 보세요.

다시 생각하기

나의 불안한 생각이 틀렸음을 입증하는 사실을 찾아
적어 보세요.

나의 목표

 나의 목표를 정해 보세요. 내가 달성할 목표는 무엇인가요? 어떤 감정이나 생각, 행동을 키우고 싶은지, 또 어떤 감정이나 생각, 행동을 줄이고 싶은지 적어 보세요. 목표를 향해 가는 과정에서 만나게 될 어려운 문제들을 적고, 이것들을 해결하기 위해 사용할 수 있는 대처 방법과 나를 지지해 줄 사람들을 찾아보세요.

목표:	
늘리고 싶은 감정/생각/행동	줄이고 싶은 감정/생각/행동
가능한 도전	대처 기술
나를 지지해 주는 사람들	

목표:	
늘리고 싶은 감정/생각/행동	줄이고 싶은 감정/생각/행동
가능한 도전	대처 기술
나를 지지해 주는 사람들	

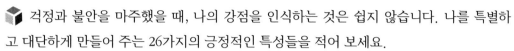
나의 긍정적 특성 26가지

📦 걱정과 불안을 마주했을 때, 나의 강점을 인식하는 것은 쉽지 않습니다. 나를 특별하고 대단하게 만들어 주는 26가지의 긍정적인 특성들을 적어 보세요.

1.		14.	
2.		15.	
3.		16.	
4.		17.	
5.		18.	
6.		19.	
7.		20.	
8.		21.	
9.		22.	
10.		23.	
11.		24.	
12.		25.	
13.		26.	

자기 돌봄 일정

 매일 나의 몸과 마음을 건강하게 만들 수 있는 방법에 대해 생각해 보세요. 자기 관리 일정은 매일 좀 더 집중할 수 있도록, 또 긴장을 풀고 다시 시작할 수 있도록 하는 데 유용합니다. 한 주 동안 나만의 힐링 타임(휴식 시간)을 가져 보세요. 나의 마음과 몸을 강화할 수 있는 충분한 나만의 시간(예: 마음-읽기, 명상, 일기/몸-걷기, 춤추기, 요가)을 가져 보세요.

일
마음: _____
몸: _____

월
마음: _____
몸: _____

화
마음: _____
몸: _____

수
마음: _____
몸: _____

목
마음: _____
몸: _____

금
마음: _____
몸: _____

토
마음: _____
몸: _____

현재에 머무는 것

현재에 머무는 것이 왜 매우 중요한지 이야기를 나누어 봅시다.

- 무엇이 우리를 계속 현재에서 벗어나 미래나 과거에 대해 생각하게 만드나요?

현재에 머물게 만드는 생각과 감정에 집중해 보세요.

- 어떤 신체 감각을 알아차렸나요?
- 현재에 머무는 것이 왜 어려운가요?
- 현재 순간에 머무르려 할 때, 내 마음은 무엇을 생각하는 경향이 있나요?

현재에 머무는 것

🎲 우리는 불안할 때, 미래를 걱정하거나 과거에 일어났던 일에 대해 걱정하게 됩니다. 우리는 현재에 머물러 있습니다. 이 활동은 현재 상태를 유지하는 방법을 찾는 데 도움을 줄 수 있습니다. 현재의 순간에 머무르기 위해 상자에 생각나는 것들을 적어 보세요. 그것을 쓰고 지우는 동안 현재에 머물도록 도와줄 것입니다.

상자 안에 걱정 담기

📦 다음의 상자는 내 마음속의 걱정과 불안을 담는 역할을 합니다. 나를 걱정시키거나, 무섭게 하거나, 불안하게 하는 '무언가'를 상자 안에 쓰거나 그려 보세요. 그리고 그 걱정을 떨쳐버리기 위해 상자의 윗부분을 접듯이 종이를 접어 주세요. 이 활동을 한 후, 나의 감정과 생각을 이야기해 보세요.

혼자가 아니야

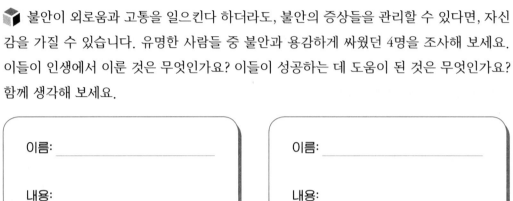 불안이 외로움과 고통을 일으킨다 하더라도, 불안의 증상들을 관리할 수 있다면, 자신감을 가질 수 있습니다. 유명한 사람들 중 불안과 용감하게 싸웠던 4명을 조사해 보세요. 이들이 인생에서 이룬 것은 무엇인가요? 이들이 성공하는 데 도움이 된 것은 무엇인가요? 함께 생각해 보세요.

이름: _____

내용: _____

_____

_____

_____

이름: _____

내용: _____

_____

_____

_____

이름: _____

내용: _____

_____

_____

_____

이름: _____

내용: _____

_____

_____

_____

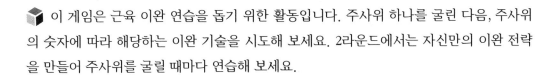

이완 주사위

🎲 이 게임은 근육 이완 연습을 돕기 위한 활동입니다. 주사위 하나를 굴린 다음, 주사위의 숫자에 따라 해당하는 이완 기술을 시도해 보세요. 2라운드에서는 자신만의 이완 전략을 만들어 주사위를 굴릴 때마다 연습해 보세요.

1라운드

1. 발가락을 잡고 셋까지 센 뒤 발가락을 이완시킬 것.

2. 눈을 꽉 감고 셋까지 센 뒤 눈과 얼굴을 이완시킬 것.

3. 이를 꽉 깨물고 셋까지 센 뒤 턱을 이완시킬 것.

4. 주먹을 꽉 쥐고 셋까지 센 뒤 손을 이완시킬 것.

5. 종아리 근육에 힘을 주고 셋까지 센 뒤 다리를 이완시킬 것.

6. 배에 힘을 주고 셋까지 센 뒤 배를 이완시킬 것.

2라운드

1. _____

2. _____

3. _____

4. _____

5. _____

6. _____

만다라

우주를 상징하는 기하학적 패턴인 만다라를 색칠하거나 그리는 것은 불안을 다루고, 통제력을 기르는 데 좋은 활동입니다. 이 활동은 무언가에 주의를 집중할 수 있도록 하고, 내가 원하는 방식대로 디자인할 수 있도록 도와줍니다. 다음의 만다라를 색칠하면서 스스로 그림에 집중하고 이완할 수 있도록 해 보세요.

걱정 외계인

　이 활동을 통해 아동 및 청소년은 무엇이 자신의 불안을 커지게 만드는지, 또는 작아지게 만드는지 이해할 수 있습니다. 활동이 끝난 후, 불안이 커질 때 아동으로 하여금 '불안을 감소시키는 약'이라는 은유를 사용하도록 격려할 수 있습니다. 아동이 건강한 생각과 행동을 할 수 있도록 돕는 '불안을 감소시키는 약'을 집으로 가져가서 활용하도록 제안할 수 있습니다.

• 아동은 불안이 생각과 행동에 의해 생기며, 더 커질 수 있다는 것을 이해했나요?
• 불안이 가장 클 때, 또는 불안이 가장 작을 때 신체에서 일어나는 변화에 대해 이야기해 보세요.
• 아동의 불안이 커지면 매일 '불안을 감소시키는 약'을 사용할 수 있도록 격려해 주세요.

걱정 외계인

외계인의 모습을 하고 있는 '걱정'이라는 감정에 대해 상상해 보세요. 가운데 공간 안에 이 '걱정 외계인'이 어떻게 생겼는지 그려 보세요. 이 '걱정 외계인'이 커지도록 '밥을 주는' 생각과 행동을 왼쪽에 있는 과자에 써 보세요. 또 이 '걱정 외계인'이 작아지도록 만드는 생각과 감정을 생각해 보고, 오른쪽에 있는 '불안을 감소시키는 약' 병에 써 보세요.

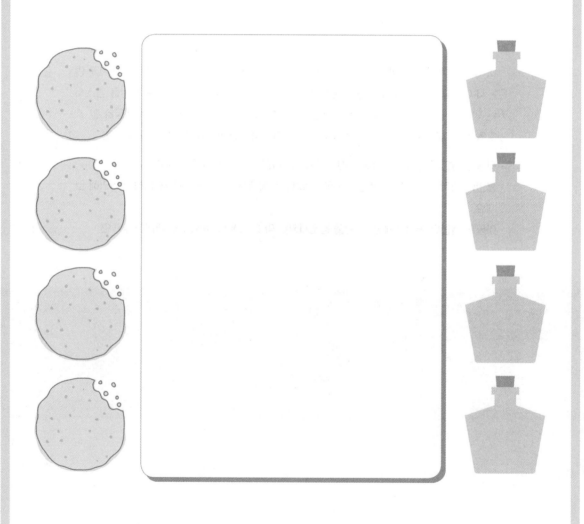

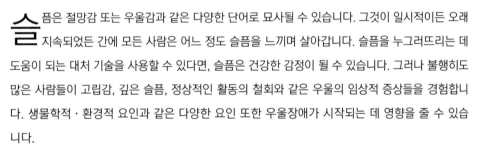

제 **6** 장

우울장애

슬픔은 절망감 또는 우울감과 같은 다양한 단어로 묘사될 수 있습니다. 그것이 일시적이든 오래 지속되었든 간에 모든 사람은 어느 정도 슬픔을 느끼며 살아갑니다. 슬픔을 누그러뜨리는 데 도움이 되는 대처 기술을 사용할 수 있다면, 슬픔은 건강한 감정이 될 수 있습니다. 그러나 불행히도 많은 사람들이 고립감, 깊은 슬픔, 정상적인 활동의 철회와 같은 우울의 임상적 증상들을 경험합니다. 생물학적 · 환경적 요인과 같은 다양한 요인 또한 우울장애가 시작되는 데 영향을 줄 수 있습니다.

이 장은 우울장애 아동 및 청소년의 부정적인 생각, 감정 및 행동을 다루는 독특한 행동 접근 방식에 초점을 맞추고 있습니다. 인지적 능력을 기르는 활동은 아동이 자신의 기분, 행동 패턴, 촉발 요인을 인식하고, 자신의 감정 표현을 이해하도록 돕습니다. 관계 코칭 활동은 아동이 자신감과 자존감을 기르고 타인과 지지적인 관계를 형성하도록 돕습니다. 역량 강화 활동은 현실적인 사고, 대처 능력 그리고 긍정적인 문제 해결에 중점을 둡니다. 마지막으로, 뇌 기반 학습 활동은 아동으로 하여금 동기에 대해 생각해 보도록 하고, 긍정적인 감정을 키우고 자기 돌봄 계획을 세우며, 건강한 습관을 세워 나가도록 돕습니다.

나의 기분 이해하기

1. 기분이 가라앉을 때는 어떤가요? 나의 몸은 어떻게 느끼는지, 그리고 나는 어떤 행동을 하는지 적어 보세요. _____
   _____
   _____

2. 긍정적인 기분일 때는 어떤가요? 나의 몸은 어떻게 느끼는지, 그리고 나는 어떤 행동을 하는지 적어 보세요. _____
   _____
   _____

3. 최근에 기분이 가라앉았던 상황을 이야기해 보세요. 어디에서, 무슨 일이, 왜 일어났는지 기억해 보세요. _____
   _____
   _____

4. 나의 기분이 덜 가라앉도록 하기 위해 그 상황에서 바꿀 수 있는 것이 있었나요? ____
   _____
   _____

5. 최근에 기분이 좋았던 상황을 이야기해 보세요. 누구와 함께 했나요? 무엇을 하고 있었나요? _____
   _____
   _____

6. 긍정적인 기분을 증가시키기 위해 어떤 종류의 활동을 할 수 있을까요? _____
   _____
   _____

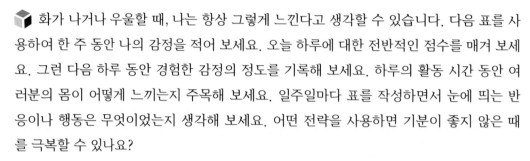

감정 추적하기

🎁 화가 나거나 우울할 때, 나는 항상 그렇게 느낀다고 생각할 수 있습니다. 다음 표를 사용하여 한 주 동안 나의 감정을 적어 보세요. 오늘 하루에 대한 전반적인 점수를 매겨 보세요. 그런 다음 하루 동안 경험한 감정의 정도를 기록해 보세요. 하루의 활동 시간 동안 여러분의 몸이 어떻게 느끼는지 주목해 보세요. 일주일마다 표를 작성하면서 눈에 띄는 반응이나 행동은 무엇이었는지 생각해 보세요. 어떤 전략을 사용하면 기분이 좋지 않은 때를 극복할 수 있나요?

	전체적인 오늘 하루 나의 기분 1~10 (1 = 매우 나쁨, 10 = 매우 좋음)	좋은 기분 (실시한 활동과 나의 몸이 어떻게 느꼈는지 적어 보세요.)	안 좋은 기분 (실시한 활동과 나의 몸이 어떻게 느꼈는지 적어 보세요.)
월요일			
화요일			
수요일			
목요일			
금요일			
토요일			
일요일			

방어막 세우기

　방어막을 세우는 일은 아동으로 하여금 자신의 우울을 일으키는 요인들을 확인하고, 자신의 슬픈 감정을 완화하기 위한 긍정적인 방법을 브레인스토밍할 수 있게 만드는 데 도움이 됩니다. 부정적인 '자기 대화(self-talk)'와 우울한 기분이 증가하는 것을 막기 위한 방법을 탐색해 보세요. 다음의 질문들을 사용하여, 활동을 진행할 때 대화를 이끌어 볼 수 있습니다.

후속 질문

- 이 방어막은 무엇으로 만들 수 있을까요?
- 이 방어막은 어떤 보호 기능을 가지고 있을까요?
- 아동이 이 방어막을 사용하기 원하는 장소는 어디인가요?
- 방어막을 사용하면 어떤 변화가 일어나나요?
- 방어막을 사용한 후에 아동은 어떻게 느끼나요?

방어막 세우기

◆ '촉발요인'에 우울한 감정을 갖게 하는 사건이나 상황에 대해 그려 보거나 적어 보세요. 다음으로, 이러한 감정을 경험하지 않도록 자신을 보호하기 위해 나만의 '방어막'을 만들어 보세요. '방어막'에 이러한 보호요인들을 그려 보거나 적어 보세요. 마지막으로, '결과'에 다음에 어떤 일이 일어날지 그려 보거나 적어 보세요.

촉발요인

방어막

결과

감정과 사회적 상호작용

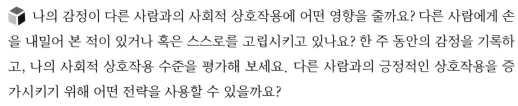 나의 감정이 다른 사람과의 사회적 상호작용에 어떤 영향을 줄까요? 다른 사람에게 손을 내밀어 본 적이 있거나 혹은 스스로를 고립시키고 있나요? 한 주 동안의 감정을 기록하고, 나의 사회적 상호작용 수준을 평가해 보세요. 다른 사람과의 긍정적인 상호작용을 증가시키기 위해 어떤 전략을 사용할 수 있을까요?

	감정을 설명해 보세요	주요 사건	사회적 상호작용
예시	피곤한, 짜증나는	과제 제출 마감일이 다가오는데 과제를 시작하기	혼자 지냄. 부모님과 저녁을 먹었는데, 말을 많이 하지 않음.
월요일			
화요일			
수요일			
목요일			
금요일			
토요일			
일요일			

내 주변 사람들

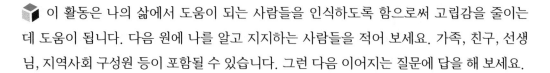

🎲 이 활동은 나의 삶에서 도움이 되는 사람들을 인식하도록 함으로써 고립감을 줄이는 데 도움이 됩니다. 다음 원에 나를 알고 지지하는 사람들을 적어 보세요. 가족, 친구, 선생님, 지역사회 구성원 등이 포함될 수 있습니다. 그런 다음 이어지는 질문에 답을 해 보세요.

나를 지지해 주는 사람들

내가 외로울 때 누구와 이야기하면 편안해지나요?

가족 중: _____

학교에서: _____

그 외: _____

누구에게 도움을 청하면 편안해지나요?

가족 중: _____

학교에서: _____

그 외: _____

🔷 혼자가 아니라는 것을 시각적으로 보여 주는 '지지 연결고리(체인)'를 만들어 보세요. 문제가 생겼을 때 내가 이야기할 수 있는 사람들의 이름을 적어 보세요. 가족, 친구, 선생님, 이웃 등이 포함될 수 있습니다. 그것들을 잘라서 스테이플러나 테이프로 연결해 연결고리를 만들어 보세요. 나의 지지 연결고리가 얼마나 튼튼한지 시각적으로 보여 주는 도구로써 이 체인을 활용해 보세요.

나의 느낌

다음 문장을 완성해 보세요. 만약 생각하거나 적는 것이 어렵다면, 이것을 적는 것이 나에게 어떤 도움이 되는지 치료사와 함께 이야기해 보세요.

나는 _____ 때 행복을 느낀다.

나는 _____ 때 슬프다.

나는 _____ 때 혼란스럽다.

나는 _____ 때 무섭다

나는 _____ 때 화난다.

나는 _____ 때 자랑스럽다.

나는 _____ 때 사랑을 느낀다.

나는 _____ 때 질투 난다.

나는 _____ 때 신난다.

나는 _____ 때 받아들여진다고 느낀다.

나는 _____ 때 어리석다고 느낀다.

나는 _____ 때 미안하다.

나는 _____ 때 강하다고 느낀다.

나는 _____ 때 쑥스럽다.

나는 _____ 때 신뢰감을 느낀다.

다듬지 않은 다이아몬드

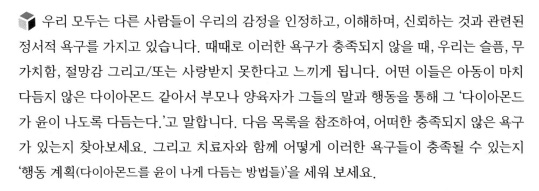 우리 모두는 다른 사람들이 우리의 감정을 인정하고, 이해하며, 신뢰하는 것과 관련된 정서적 욕구를 가지고 있습니다. 때때로 이러한 욕구가 충족되지 않을 때, 우리는 슬픔, 무가치함, 절망감 그리고/또는 사랑받지 못한다고 느끼게 됩니다. 어떤 이들은 아동이 마치 다듬지 않은 다이아몬드 같아서 부모나 양육자가 그들의 말과 행동을 통해 그 '다이아몬드가 윤이 나도록 다듬는다.'고 말합니다. 다음 목록을 참조하여, 어떠한 충족되지 않은 욕구가 있는지 찾아보세요. 그리고 치료자와 함께 어떻게 이러한 욕구들이 충족될 수 있는지 '행동 계획(다이아몬드를 윤이 나게 다듬는 방법들)'을 세워 보세요.

☐ 내가 무조건적으로 사랑받고 있다고 느끼는 것
☐ 내가 해낸 것들에 대해 인정받는 것
☐ 내가 최선을 다하도록 격려받는 것
☐ 내 말을 듣고 이해해 주는 것
☐ 내가 상처받거나, 약하다고 느낄 때 지지를 느끼는 것
☐ 나를 존중하는 것
☐ 내 잘못을 용서받는 것
☐ 내 주변 사람들에게 받아들여지고 있다고 느끼는 것
☐ 나를 믿고 신뢰해 주는 것
☐ 나를 공평하고 동등하게 대하는 것
☐ 내가 성공할 수 있다고 느끼는 것
☐ 내가 신체적으로 매력적이라고 느끼는 것
☐ 내가 잘 적응하고 있다고 느끼는 것

내 안과 밖

🎁 우리가 어떤 감정은 사람들에게 드러내고, 어떤 감정은 드러내지 않는지 이야기해 보세요. 밖으로 드러나는 감정과 내 안에 간직한 감정이 무엇인지 어떻게 알 수 있을까요? 우리는 남들이 나를 어떻게 생각할지 두려워 진짜 감정과 생각을 숨길 수 있습니다.

🎁 감정을 속으로 숨겼을 때를 떠올려 보세요. 감정을 표현하기 위해 다음의 티셔츠를 사용해 보세요. 셔츠 앞면에는 화가 났을 때 어떻게 느꼈는지, 그때 내가 어떻게 행동했는지를 적거나 그려 보세요. 그리고 셔츠 뒷면에는 자신의 속마음을 적거나 그려 보세요.

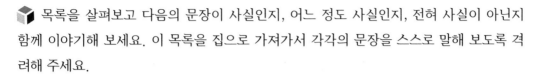

나는······

목록을 살펴보고 다음의 문장이 사실인지, 어느 정도 사실인지, 전혀 사실이 아닌지 함께 이야기해 보세요. 이 목록을 집으로 가져가서 각각의 문장을 스스로 말해 보도록 격려해 주세요.

	사실임	어느 정도 사실임	전혀 사실이 아님
나는 성공했어			
나는 좋은 사람이야			
나는 놀라워			
나는 정직해			
나는 행복해			
나는 자신 있어			
나는 사교적이야			
나는 개방적이야			
나는 모험심이 강해			
나는 관대해			
나는 평화주의자야			
나는 인내심이 있어			
나는 중요해			
나는 배려심이 있어			
나는 힘이 세			

내 안의 나

📦 이 활동은 '내 안의 나'에게 편지를 쓰는 것입니다. 우리가 종종 상처받고, 화가 나며, 죄책감을 가지는 것은 겉으로 보이는 내가 아닌 '내 안의 나'입니다. 지금까지 치료를 진행하면서 많은 활동들을 열심히 해 왔습니다. '내 안의 나'에게 상처와 슬픔을 지나 앞으로 나아가도 괜찮다고, 안전하다고 말해 주는 편지를 써 보세요.

사랑하는 '내 안의 나'에게

_____

_____

_____

_____

_____

_____

_____

_____

_____

_____

_____

_____

_____

_____

사랑하는 내가

나의 초상화

🧊 긍정적인 특성과 부정적인 특성을 모두 포함한 나의 모습을 그려 보세요. 무엇이 보이나요? 이 모습은 내가 보는 모습인가요, 혹은 내 생각에 다른 사람들이 나를 보는 모습인가요? 왜 이렇게 자신을 바라보나요? 다른 사람이 왜 나를 이렇게 보고 있다고 생각하나요? 이 그림에서 무엇을 바꾸고 싶은가요? 왜 이것을 바꾸려고 하나요? 이것을 바꾸는 데 책임이 있는 사람은 누구인가요? 이러한 변화가 필요한가요? 이러한 변화는 내가 원하는 건가요, 아니면 다른 사람들이 생각하기에 내가 변해야 한다고 여기는 건가요?

지지적인 반응

 아동에게 기분이 우울할 때 하는 자신의 몸짓과 행동을 다음 표에 적어 보도록 합니다. 그런 다음 부모님께 이전에 아동이 보였던 이러한 행동이나 몸짓 신호들을 알아차렸는지 이야기해 보도록 합니다. 다음으로, 기분을 나아지게 하기 위한 시도로, 아동에게 도움이 되는 지지적인 반응은 어떤 것들이 있는지 브레인스토밍해 보도록 합니다.

몸짓 또는 행동	지지적인 반응

스트레스와 대처 전략

🎲 사람들은 스트레스에 대해 각각 다른 반응을 보입니다. 신체적 반응(예: 두통, 땀), 심리적 반응(예: 화, 슬픔) 또는 행동적 반응(예: 손톱을 깨무는, 소리를 지르는)이 나타날 수 있습니다. 다음의 상황을 살펴보고 각 상황에서 경험하는 스트레스의 징후를 나열한 다음, 스트레스를 줄이는 데 사용할 수 있는 전략을 적어 보세요.

	신체적 반응	심리적 반응	행동적 반응	필요한 도움
새로운 학교에서의 시작				
시험을 보는 것				
게임에서 짐				
가장 친한 친구의 이사				
말다툼을 하는 부모				
버스를 놓치는 것				
현장 학습 취소				

	스트레스를 줄이기 위해 무엇을 할 수 있을까요? 도움이 되는 전략과 도와줄 수 있는 사람을 적어 보세요.
새로운 학교에서의 시작	
시험을 보는 것	
게임에서 짐	
가장 친한 친구의 이사	
말다툼을 하는 부모	
버스를 놓치는 것	
현장 학습 취소	

🎁 다음의 별 그림에 나를 지지하는 사람의 이름을 적어 보세요. 그들에게 어떤 도움을 받았나요? 나는 그들에게 어떤 식으로 다가가나요? 나는 누구와 함께 있을 때 가장 편안한가요? 그 사람이 없을 때 도움을 받을 수 있는 다른 사람이 있나요?

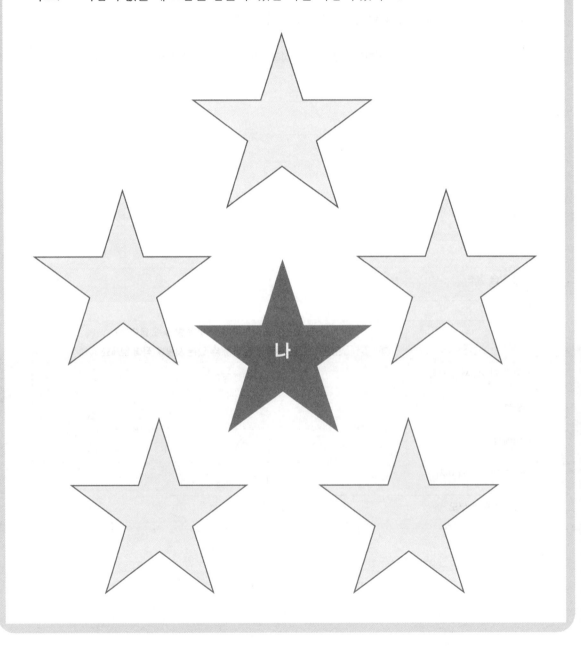

나는 내가 좋아!

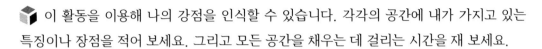 이 활동을 이용해 나의 강점을 인식할 수 있습니다. 각각의 공간에 내가 가지고 있는 특징이나 장점을 적어 보세요. 그리고 모든 공간을 채우는 데 걸리는 시간을 재 보세요.

보상

　다음의 활동은 부모님과 아동이 함께 아동의 어떤 긍정적인 행동을 증가시킬 것인지, 그리고 아동의 현재 행동을 변화시키기 위해 어떤 보상을 제공할 것인지 결정하는 것입니다. 부모님은 각 빈칸에 아동이 보여 주길 바라는 긍정적이고, 건강하며, 친사회적인 행동을 적습니다. 그리고 주어지는 보상이 그 행동에 적절한 것인지 꼼꼼히 확인해 봅니다. 아동의 연령에 따라 보상을 제공하는 방법이 달라질 수 있는데, 나이가 많은 경우 특별한 권리를 부여하거나, 나이가 어린 경우 스티커를 주는 방법이 있습니다. 또 다른 방법으로 배지를 만들고 꾸며 나누어 줄 수 있습니다. 아동은 가능한 한 많은 '보상 배지'를 모으기 위해 노력할 것입니다. 매일 또는 매주의 마지막에 일정한 개수의 '보상 배지'에 대해 포인트를 정해 구체적인 보상을 제공할 수도 있습니다.

　아동의 긍정적인 행동에 대해 즉시 보상을 제공할 수 있도록 하는 것이 중요합니다. 보상을 제공할 때, 진심 어린 칭찬과 긍정적 관심에 대해 어떻게 반응하는지 살펴보세요. 이러한 보상의 순간은 아동의 긍정적인 행동을 계속하게 하는 동기로 작용할 수 있습니다. 아동에게 하루, 일주일, 한 달간 받을 수 있는 보상의 개수를 알려 주세요. 아동의 행동이 얼마나 나아지느냐에 따라, 목표 행동과 보상 체계를 바꿀 수 있습니다.

보상

첫 번째 행동

두 번째 행동

세 번째 행동

나는 가치 있는 사람

🎲 나와 다른 사람의 관계를 떠올려 보고 다음의 문장을 완성해 보세요.

친구들은 나를 좋아한다.
왜냐하면……

나의 부모님은 내가 _____ 할 때
행복을 느낀다.

나는 _____ 할 때
행복하다.

나의 선생님은
내가 _____ 할 때
행복을 느낀다.

나는 특별하다. 왜냐하면

슬픈 생각 바꾸기

 다음의 상자에 최근 내가 슬픔을 경험한 사건을 적어 보세요. 그때 들었던 나의 부정적인 생각, 내가 했던 행동, 내가 느꼈던 신체 감각을 모두 적어 보세요. 그 상황에서 내가 사용했던 대처 전략에 대해 생각해 보세요. 마지막으로, 부정적인 생각을 긍정적인 생각으로 바꿔 보세요. 기분이 나아지기 위한 대처 전략을 사용한 후에는 내가 무엇을 할 수 있을지, 내 몸이 어떻게 느낄 것인지 적어 보세요.

문제

내가 가졌던 부정적인 생각은 _____

_____

내가 한 행동은 _____

_____

내가 느낀 신체 감각은 _____

_____

대처 전략

다른 대처 전략은 무엇이 있을까요?
어떻게 도움을 요청할 수 있었을까요?
누구에게 도움을 요청할 수 있었을까요?

나의 생각을 바꿀 수 있는 긍정적인 방법은: _____

_____

내가 대처하기 위해 취할 수 있는 행동은: _____

_____

대처 전략을 사용한 후에 내 몸은 어떻게 느낄 것인지: _____

_____

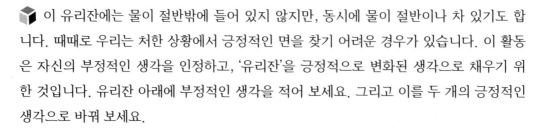 이 유리잔에는 물이 절반밖에 들어 있지 않지만, 동시에 물이 절반이나 차 있기도 합니다. 때때로 우리는 처한 상황에서 긍정적인 면을 찾기 어려운 경우가 있습니다. 이 활동은 자신의 부정적인 생각을 인정하고, '유리잔'을 긍정적으로 변화된 생각으로 채우기 위한 것입니다. 유리잔 아래에 부정적인 생각을 적어 보세요. 그리고 이를 두 개의 긍정적인 생각으로 바꿔 보세요.

예: 부정적인 생각 – 나는 친구가 없다. / 긍정적인 생각 – 나는 오늘 쉬는 시간에 친구와 놀았다. 나는 다음 주에 있을 캠프에서 새로운 친구를 만날 수 있다.

부정적인 생각	긍정적인 생각
_____	_____
_____	_____
_____	_____
_____	_____

나의 생각 검증하기

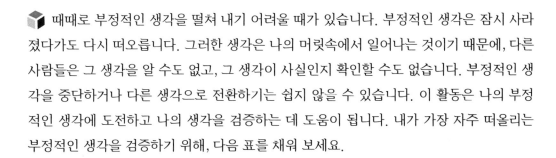

때때로 부정적인 생각을 떨쳐 내기 어려울 때가 있습니다. 부정적인 생각은 잠시 사라졌다가도 다시 떠오릅니다. 그러한 생각은 나의 머릿속에서 일어나는 것이기 때문에, 다른 사람들은 그 생각을 알 수도 없고, 그 생각이 사실인지 확인할 수도 없습니다. 부정적인 생각을 중단하거나 다른 생각으로 전환하기는 쉽지 않을 수 있습니다. 이 활동은 나의 부정적인 생각에 도전하고 나의 생각을 검증하는 데 도움이 됩니다. 내가 가장 자주 떠올리는 부정적인 생각을 검증하기 위해, 다음 표를 채워 보세요.

1.	내가 가장 자주 떠올리는 부정적인 생각은 무엇인가요?
2.	나는 이 생각을 얼마나 확실하게 믿고 있나요? 1에서 10까지의 점수로 표시해 보세요.
3.	나는 이 생각을 언제 그리고 어떻게 검증할 수 있나요?
4.	만약 그 생각이 사실이라면, 무슨 일이 일어날 것이라고 예상하나요?
5.	검증의 결과는 무엇인가요?
6.	현재 나는 이 생각이 얼만큼 사실이라고 믿고 있나요? 1에서 10까지의 점수로 표시해 보세요.

긍정적 자기 대화

예기 불안은 많은 긍정적인 사회 정서 활동들에 참여하는 일을 방해할 수 있습니다. 긍정적인 자기 대화(self-talk)는 아동으로 하여금 긍정적인 사회 활동에 참여하게 하고 자신감을 기르도록 하는 좋은 대처 전략입니다. 긍정적인 자기 대화를 향상시키는 가장 좋은 방법 중 하나는 기억을 활용하는 것입니다. 긍정적인 자기 대화의 예시들을 제공할 때, "마지막으로 이와 비슷한 상황에서 긍정적인 결과를 경험했던 때는 언제였나요?"라는 질문을 던지는 것이 필요합니다. 아동이 예기 불안을 느낄 수 있는 어려운 상황을 만났을 때 긍정적인 결과를 얻을 수 있도록 하기 위해 활동지를 사용해 보세요.

다음의 활동지에서 아동에게 왼쪽 칸에 적혀 있는 이야기를 생각해 보도록 합니다. 그런 다음, 아동에게 이야기 오른쪽 칸에는 긍정적인 자기 대화를 적어 보게 합니다. 이때 아동의 개인적인 기억과 경험들을 떠올려 보도록 격려해 줍니다.

긍정적 자기 대화

상황	긍정적 자기 대화
A는 숙제를 시작한 지 두 시간이 지났지만, 아직 첫 페이지를 하고 있다는 사실을 깨달았습니다. A는 숙제에 압도당하는 기분을 느꼈습니다.	예: "나는 두 시간 안에 첫 페이지를 끝냈어. 그리고 나는 오늘 자기 전까지 숙제를 끝내도록 노력할 거야."
B는 사람들이 많은 곳에 가는 것을 싫어합니다. 그의 친구가 사람이 많은 전시회에 B를 초대했을 때, 그는 가고 싶었지만 다른 사람들이 자신을 어떻게 생각할지 생각하며 긴장하기 시작했습니다. B의 머릿속에는 전시회에 대한 부정적인 생각이 떠올랐습니다.	예: "나는 전시회에 가서 내 친구에게 인사도 하고, 거기 있는 동안 다른 한 명과 이야기를 해 보도록 노력할 거야"
C는 놀이터에서 친구와 만나기로 했습니다. C는 약속 시간에 놀이터에서 친구를 기다렸지만, 친구는 오지 않았습니다. C는 친구에게 실망감을 느끼기 시작했습니다.	예: "만약 친구가 놀이터에 오지 않아도, 나는 다른 친구와 재미있게 놀 수 있어."
D는 집을 나설 때마다 걱정을 합니다. 엄마의 심부름으로 슈퍼에 가야 했지만 그의 여동생은 그와 같이 갈 수 없었습니다. D는 그가 혼자 슈퍼에 갔을 때 일어날 일들에 대해 안 좋은 생각들을 하기 시작했습니다.	예: "내가 전에 집을 나섰을 때, 아무런 나쁜 일도 일어나지 않았어."

4가지 질문

 최근에 강렬한 감정을 느꼈던 상황을 생각해 보세요. 다음 4가지 질문을 토대로 표를 채워 보세요.

1. 무슨 일이 일어났나요?
2. 어떤 감정을 느꼈나요?
3. 어떤 행동을 했나요?
4. 무슨 생각을 했나요? 긍정적인 생각과 부정적인 생각을 모두 적어 보세요.

무슨 일이 일어났나요?	
어떤 감정을 느꼈나요?	
어떤 행동을 했나요?	
무슨 생각을 했나요?	

대처 기술 나무

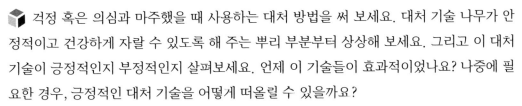 걱정 혹은 의심과 마주했을 때 사용하는 대처 방법을 써 보세요. 대처 기술 나무가 안정적이고 건강하게 자랄 수 있도록 해 주는 뿌리 부분부터 상상해 보세요. 그리고 이 대처 기술이 긍정적인지 부정적인지 살펴보세요. 언제 이 기술들이 효과적이었나요? 나중에 필요한 경우, 긍정적인 대처 기술을 어떻게 떠올릴 수 있을까요?

대처 기술 1: _____

_____

대처 기술 2: _____

_____

대처 기술 3: _____

_____

대처 기술 4: _____

_____

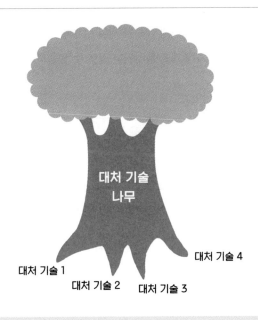

문제 해결 신호등

🟦 우리는 매일 문제와 마주하며, 문제에 대처할 수 있는 여러 가지 방법들을 생각하고, 어떻게 행동하거나 말할지 결정해야 합니다. 어떤 문제는 해결하기 쉽지만, 어떤 문제는 조금 더 어렵습니다. 생각하기 전에 먼저 행동하는 것, 감정에 압도되는 것, 다른 방법을 시도하지 않는 것은 문제를 해결하는 데 장애물이 됩니다. 장애물은 우리가 올바른 결정을 하는 것을 방해하거나, 문제를 해결하지 못하도록 만듭니다. 이 문제 해결 신호등 활동은 어려운 문제를 어떻게 해결할지 생각하도록 도울 수 있습니다. 내가 갖고 있는 문제를 생각해 보고, 다음 단계에 따라 적용해 보세요.

〈문제 해결 단계〉

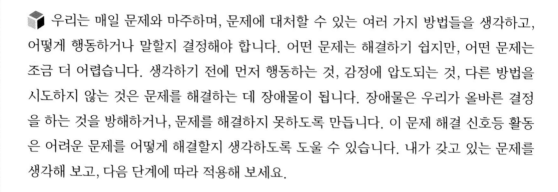

빨간불

1. 멈추고 생각해 보세요. 심호흡을 해 보세요.
   어떤 상황인가요? _____

   _____

   긍정적인 점과 부정적인 점은 무엇인가요? _____

   _____

노란불

2. 차분하게 계획을 세워 보세요.
   어떻게 행동하거나 말할 수 있을까요? _____

   _____

   _____

   _____

초록불

3. 계획을 실행해 보세요.
   계획을 실행하면 어떤 일이 생길 것 같나요? _____

   _____

   _____

다른 해결책 찾기

 사람들은 자신의 생각에 매여서 하나 이상의 문제 해결 방법을 떠올리는 데 어려움을 겪습니다. 우리는 좀 더 유연하게 생각할 필요가 있습니다. 내가 선택한 해결책이 효과가 없다면, 다른 대안을 떠올린 다음 뒤따른 결과에 대해 일어날 수 있는 긍정적 측면과 부정적 측면을 고려해야 합니다. 다음의 표에서 하나의 문제를 생각해 보고, 가능한 해결 방법을 생각한 뒤, 일어날 수 있는 긍정적 결과와 부정적 결과를 적어 보세요. 그런 다음, 내가 생각한 모든 해결책과 결과를 검토해 보고 가장 최선의 해결책을 선택해 보세요.

내가 마주한 문제는 _____

가능한 해결책	긍정적인 결과	부정적인 결과
1.		
2.		
3.		
4.		
5.		

가장 좋은 방법은 _____

도움 요청하기

📦 가끔 어떤 문제에 대해 스스로 해결책을 생각해 내기 어려울 때가 있습니다. 이럴 때 신뢰할 만한 어른이나 친구에게 도움을 요청할 수 있습니다. 그들에게 어떻게 문제를 해결할 수 있는지 물어보거나, 그들이 비슷한 문제를 해결하는 모습을 관찰할 수 있습니다. 사람들에게 내가 가진 문제에 대해 조언을 구해 보세요. 그리고 어떻게 문제를 해결할 수 있는지 스스로 생각해 보세요. 다음의 표를 이용하여 그 방법을 적어 봅시다.

나의 문제는 무엇인가요?

나는 누구에게 이 문제에 대해 이야기할 수 있나요? 그는 어떻게 이 문제를 다룰까요?

언제 그리고 어떻게 나는 이 계획을 실행할 수 있나요?

내가 이 계획을 실행할 때, 나는 스스로에게 어떤 말을 할 수 있을까요?

그 계획은 효과가 있었나요? 다음에는 계획의 어떤 부분을 바꿔야 할까요?

무엇이 나를 움직이게 하나요?

 만약 무엇이 나를 움직이게 하는지 안다면, 내가 동기부여가 되지 않을 때 도움이 될 수 있습니다. 다음에 나를 움직이게 하는 것들과 그렇게 하지 못하는 것들을 적어 보세요. 목표를 달성하기 위해 내가 계속 노력하도록 만드는 보상과 그렇게 하지 못하는 보상에 대해서도 적어 보세요. 그리고 내가 목표를 성공적으로 달성할 수 있기 위해 앞의 내용을 다른 사람들에게 전달할 수 있는 방법에 대해 생각해 보세요.

동기

나를 움직이게 하는 것	나를 움직이게 하지 못하는 것
– 또래들의 긍정적인 지지	– 시간이 촉박한 상황
–	–
–	–
–	–

나를 움직이게 하지 못하는 것들과 마주했을 때, 이를 극복하기 위해 나는 무엇을 할 수 있나요? _____

_____

_____

보상

나를 움직이게 하는 것	나를 움직이게 하지 못하는 것
– 선생님의 칭찬	– 사탕
–	–
–	–
–	–

부모님과 선생님께 나를 계속 움직이게 하는 것이 무엇인지 어떻게 전달할 수 있나요? _____

_____

_____

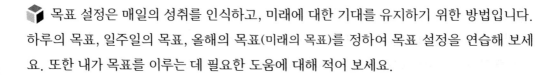

긍정적인 목표 설정하기

🧊 목표 설정은 매일의 성취를 인식하고, 미래에 대한 기대를 유지하기 위한 방법입니다. 하루의 목표, 일주일의 목표, 올해의 목표(미래의 목표)를 정하여 목표 설정을 연습해 보세요. 또한 내가 목표를 이루는 데 필요한 도움에 대해 적어 보세요.

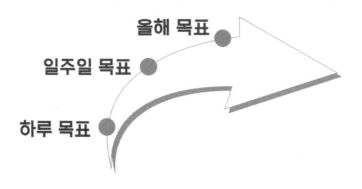

	나의 목표를 말해 보세요	필요한 도움
하루 목표		
일주일 목표		
올해 목표		

자기 계발 계획

 나의 목표를 달성하고 책임감을 가지기 위해 자기 계발 계획을 작성해 보세요. 내가 현재 할 수 있는 것, 내가 가지고 싶은 능력, 이루고자 하는 목표를 다음에 적어 보세요. 또 목표를 이루는 데 필요한 단계들과 목표를 이루기까지 걸리는 시간을 적어 보세요. 이 표를 내가 매일 보는 곳에 두고, 목표에 한 걸음씩 다가갈 수 있도록 행동해 보세요.

> **나는 무엇을 할 수 있나요?**

> **나는 어떤 능력을 가지길 원하나요?**

> **나의 목표는……**

> **나는 다음의 단계들을 통해 목표를 이룰 것이다.**

나는 _____ 까지 나의 목표를 이룰 것이다.

나의 신체와 연결하기

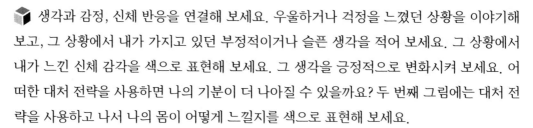 생각과 감정, 신체 반응을 연결해 보세요. 우울하거나 걱정을 느꼈던 상황을 이야기해 보고, 그 상황에서 내가 가지고 있던 부정적이거나 슬픈 생각을 적어 보세요. 그 상황에서 내가 느낀 신체 감각을 색으로 표현해 보세요. 그 생각을 긍정적으로 변화시켜 보세요. 어떠한 대처 전략을 사용하면 나의 기분이 더 나아질 수 있을까요? 두 번째 그림에는 대처 전략을 사용하고 나서 나의 몸이 어떻게 느낄지를 색으로 표현해 보세요.

슬픈 생각: 경험한 감정: 나는 내 몸 어디에서 슬픔을 느끼나요?	
긍정적인 생각: 사용한 대처 전략: 기분은 좀 나아졌나요?	

긍정적인 변화 만들기

 일상생활에서 좀 더 행복하고 건강한 삶을 살기 위해 필요한 변화 목록을 두 개의 원 안에 각각 적어 보세요. 나의 행복과 건강에 모두 도움이 되는 변화는 두 개의 원이 겹치는 부분에 적어 보세요.

행복한   건강한

내가 가장 원하는 변화 세 가지를 적어 보세요.

1. _____

2. _____

3. _____

자기 돌봄 계획

다음의 질문에 답하여 자기 돌봄 계획을 적어 보세요. 내가 우울할 때 기분이 나아지도록 도움을 주는 전략은 무엇인가요? 나의 기분을 좋게 만드는 것들과 대처 전략을 사용하여 나만의 계획을 만들어 보세요. 이 활동을 통해 내가 어려운 상황을 대처할 수 있다는 사실을 기억하세요.

1. 슬픔이나 부정적인 감정을 느낄 때 어떻게 하나요?

2. 슬픔을 일으키는 방아쇠는 무엇인가요?

3. 슬픔을 느낄 때 할 수 있는 긍정적인 일은 무엇인가요?

4. 도움을 요청할 수 있는 사람은 누구인가요? 어떻게 도움을 요청할 수 있나요?

5. 슬픔을 느낄 때 피해야 할 것은 무엇인가요?

6. 마음의 평안을 유지하는 데 유용한 긍정적인 말 세 가지는 무엇인가요?

신체 활동 계획

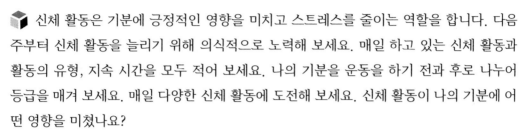 신체 활동은 기분에 긍정적인 영향을 미치고 스트레스를 줄이는 역할을 합니다. 다음 주부터 신체 활동을 늘리기 위해 의식적으로 노력해 보세요. 매일 하고 있는 신체 활동과 활동의 유형, 지속 시간을 모두 적어 보세요. 나의 기분을 운동을 하기 전과 후로 나누어 등급을 매겨 보세요. 매일 다양한 신체 활동에 도전해 보세요. 신체 활동이 나의 기분에 어떤 영향을 미쳤나요?

날짜	신체 활동 이전의 기분 1~10 (1 = 매우 나쁨, 10 = 매우 좋음)	신체 활동 (신체 활동의 내용, 지속 시간)	신체 활동 이후의 기분 1~10 (1 = 매우 나쁨, 10 = 매우 좋음)

수면 계획표

📦 좋은 수면은 하루 동안 느끼는 긍정적 감정을 증가시킵니다. 적절한 수면은 나의 정신을 맑게 해 주며, 짜증을 덜 내고, 어려운 일에도 잘 대처할 수 있게 합니다. 다음 표에 나의 최근 수면 주기를 적어 보세요. 편안한 수면을 위해 도움을 주는 것은 무엇이며, 내가 피해야할 것은 무엇인가요? 일주일 동안 매일 밤의 수면 시간을 적어 보세요.

최근 나의 수면 주기: _____

_____

_____

편안한 수면을 위해 해야 할 일: _____

_____

_____

편안한 수면을 위해 피해야 할 일: _____

_____

_____

날짜	일어난 시간	잠자리에 누운 시간	잠이 든 시간

감정적 식사

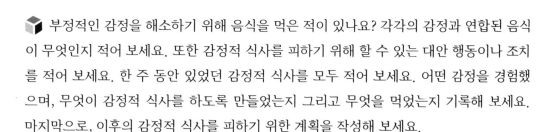
부정적인 감정을 해소하기 위해 음식을 먹은 적이 있나요? 각각의 감정과 연합된 음식이 무엇인지 적어 보세요. 또한 감정적 식사를 피하기 위해 할 수 있는 대안 행동이나 조치를 적어 보세요. 한 주 동안 있었던 감정적 식사를 모두 적어 보세요. 어떤 감정을 경험했으며, 무엇이 감정적 식사를 하도록 만들었는지 그리고 무엇을 먹었는지 기록해 보세요. 마지막으로, 이후의 감정적 식사를 피하기 위한 계획을 작성해 보세요.

감정	섭취한 음식	대안 행동
행복		
실망		
걱정		
흥분		

날짜	감정	사건	섭취한 음식

이후의 감정적 식사를 피하기 위한 계획: _____

_____

_____

_____

Lisa Weed Phifer는 국가 공인 학교 심리학자로, 아동과 청소년들에게 학교 기반의 정신 건강 서비스를 제공하는 풍부한 경험을 가지고 있다. 펜실베이니아주의 인디애나 대학교에서 신경심리학 전공으로 교육심리학 박사학위를 받았다. Phifer 박사의 연구는 학생들의 참여를 촉진하고, 트라우마 교육과 학생들의 정신 건강에 초점을 맞추었다. 또한 교육자들을 위하여 트라우마 프로그램을 전문적으로 개발하는 연구에 참여하고 있다.

Amanda K. Crowder는 노스캐롤라이나주의 공인 사회복지사이다. 그녀는 어려운 상황에 처한 아동, 청소년 및 가족을 대상으로 인지행동치료, 마음챙김과 해결중심치료의 증거 기반 개입(evidence-based interventions)을 실시하고 있다. 다양한 환경에서 지속적인 개입을 실시함으로써 성공적으로 상담을 진행하였으며, 치료 목적을 달성하기 위하여 내담자와 가족 참여를 증진시켜 이들의 관계 개선을 이끌었다. Amanda는 누구나 변화하고 행복을 찾을 수 있는 능력을 가지고 있으며, 행복할 자격이 있다고 믿는다.

Tracy Elsenraat는 공인 전문 상담사이자 면허를 소지한 미술치료사로, 미술치료로 석사학위를 취득한 이후 교정 시설에 있는 아동과 여성, 성폭행 피해자부터 치료시설의 중증 정신 질환을 가진 성인에 이르기까지 다양한 내담자를 만나고 있다. 다양한 정신 보건이 필요한 내담자들을 위한 계획과 치료 프로그램을 개발했다. 또한 가족의 안전과 건강한 아동 발달을 증진하는 다양한 지역사회 봉사 위원회 활동과 아동 발달, 아동 학대, 트라우마에 대한 전국적인 강의를 진행하고 있다.

Robert Hull은 특수 교육 관리자, 교수 및 학교 심리학자로, 증거 기반의 중재를 제공하여 치료적 결과를 이끌어 내는 전략을 실용적이고 쉽게 가르치는 전문가로서 학교에서 일하는 수천 명의 교육자에게 도움과 영감을 주었다. 도심에서 빈곤한 시골에 이르기까지 다양한 분야에서 청소년 및 교사들과 25년 동안 일해 온 그의 경험은 지역 학교 시스템, 주 정부, 주 의회들이 인정해 왔다. Hull은 불균형 영역에서 개혁을 추진하고 증거 기반 실무를 실행하며 트라우마가 있는 아동들의 교육을 진행하였다. 특히, 장애 청소년들과 함께 일하는 사람들이 직면한 분노와 환멸을 해소하고 희망과 동기를 부여하기 위해 유머를 사용하는 등 열정적인 강의를 진행하고 있다.

김정민(Kim Jung Min)
Academy of Cognitive Therapy(ACT) Certified Affiliate
한국인지행동치료학회 인지행동치료전문가
한국상담학회 수련감독전문상담사(아동청소년상담)
한국아동학회 아동상담지도감독전문가

현 한국인지행동치료상담학회 회장
　　명지대학교 아동학과 교수

정하나(Jung Ha Na)
한국인지행동치료상담학회 인지행동상담전문가, 인지행동놀이상담 전문가

전 마음세움심리상담연구소 소장
현 한국아동마인드풀니스연구소 대표
　　명지대학교 아동학과 겸임교수

유선미(You Sun Mi)
한국인지행동치료상담학회 인지행동상담전문가, 인지행동놀이상담 전문가

전 해수아동발달연구소 소장
현 아임굿아동발달센터 대표
　　명지대학교 아동학과 겸임교수

아동과 청소년을 위한
인지행동놀이치료 워크북
-트라우마, ADHD, 자폐, 불안, 우울, 품행 장애-

CBT Toolbox For Children & Adolescents
-Over 200 Worksheets & Exercises for Trauma, ADHD, Autism,
Anxiety, Depression & Conduct Disorders-

2020년 10월 30일 1판 1쇄 발행
2022년 3월 10일 1판 7쇄 발행

지은이 • Lisa Weed Phifer · Amanda K. Crowder ·
            Tracy Elsenraat · Robert Hull
옮긴이 • 김정민 · 정하나 · 유선미
펴낸이 • 김 진 환
펴낸곳 • (주)**학지사**
            04031 서울특별시 마포구 양화로 15길 20 마인드월드빌딩 5층
대표전화 • 02) 330-5114   팩스 • 02) 324-2345
등록번호 • 제313-2006-000265호
홈페이지 • http://www.hakjisa.co.kr
페이스북 • https://www.facebook.com/hakjisabook

ISBN 978-89-997-2228-8 93180

정가 **18,000원**

이 도서의 국립중앙도서관 출판시도서목록(CIP)은 서지정보유통지원시스템
홈페이지(http://seoji.nl.go.kr)와 국가자료공동목록시스템(http://www.nl.go.kr/kolisnet)
에서 이용하실 수 있습니다.
(CIP제어번호: CIP2020043685)

출판 · 교육 · 미디어기업 **학지사**

간호보건의학출판 **학지사메디컬** www.hakjisamd.co.kr
심리검사연구소 **인싸이트** www.inpsyt.co.kr
학술논문서비스 **뉴논문** www.newnonmun.com
원격교육연수원 **카운피아** www.counpia.com